▶ 聴覚障害教育領域

聞こえの困難への対応

編著

宇高二良・長嶋比奈美・加藤哲則

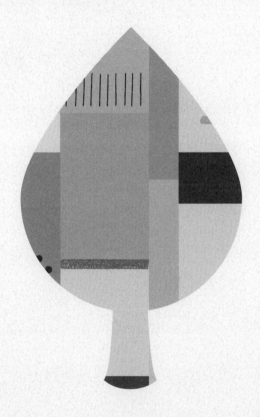

特別支援
教育免許
シリーズ
監修
花熊 曉・苅田知則
笠井新一郎・川住隆一
宇高二良

建帛社
KENPAKUSHA

特別支援教育免許シリーズ刊行にあたって

　今，「障害」をはじめとする社会での活動や参加に困難がある人たちの支援は，大きな変化の時期を迎えようとしています。困難がある人たちが，積極的に参加・貢献していくことができる全員参加型の社会としての共生社会の形成が，国の施策によって推進されています。

　同時に，政府は人工知能（AI）等の先端技術の活用により，障害の有無に関係なく，だれもが日々の煩雑で不得手な作業などから解放され，快適で活力に満ちた生活を送ることのできる人間中心の社会として「Society5.0」を提唱し，その実現を目ざしています。先端技術は，障害のある人の生涯学習・社会参画を加速させる可能性を有しており，Society5.0 の実現は共生社会の形成およびインクルーシブ教育システムの構築に寄与すると期待されます。その一方で，そのような社会が実現されたとしても，特別支援教育の理念やその専門性が不要になることは決してないでしょう。さまざまな困難のある子ども一人ひとりの教育的ニーズを把握し，そのもてる力を最大限度まで発達させようとする態度・姿勢にこそ，教育の原点があるからです。

　さて，文部科学省によると，特別支援学校教員における特別支援学校教諭免許状保有者率は79.8％（2018年5月現在）と年々上昇傾向が続いており，今後は特別支援学級や通級による指導を担当する教員等も含めて，さらなる免許保有率の上昇が目ざされています。併せて，2019年4月の教職員免許法等の改正に伴い，教職課程の必修科目に「特別の支援を必要とする幼児，児童及び生徒に対する理解」が加えられました。

　こうした流れの中，私たちは特別支援教育を学ぼうとする人が，当該領域にかかわる態度，知識，技能等をより体系的に学ぶことができる指導書が必要であると考えました。しかし，本『特別支援教育免許シリーズ』の企画立案時は，大きな変革に対応した包括的・体系的なテキストがありませんでした。

　この『特別支援教育免許シリーズ』は，教員養成課程に入学し，特別支援教育に携わる教員（特に特別支援学校教諭）を目ざして学習を始めた学生や，現職として勤務しながら当該領域について学び始めた教職員を対象にした入門書です。シリーズ全体として，特別支援学校教諭免許状（一種・二種）の取得に必要な領域や内容を網羅しており，第1欄「特別支援教育の基礎理論に関する科目」に対応する巻，　第2欄「特別支援教育領域に関する科目」として5つの特別支援教育領域（視覚障害，聴覚障害，知的障害，肢体不自由，病弱）に対応する巻，第3欄「免許状に定められることになる特別支援教育領域以外の領域に関する科目」に対応して重複障害や発達障害等を取り扱った巻で構成しています。

　なお，第1欄の巻は，基礎免許状の学校種に応じて，教職必修科目にも対応できる内容としています。また，第2欄と第3欄の巻では，各障害にかかわる① 心理，② 生理および病理，③ 教育課程，④ 指導法を一冊にまとめました。このように，免許状取得に必要な領域・内容を包括している点も，本シリーズの大きな特徴のひとつといえるでしょう。本シリーズが，障害のある子・人の未来を，本人や家族とともに切り開こうとする教職員の養成に役立つと幸いです。

このほか，第3欄においては，特別支援教育における現代的課題（合理的配慮としてのICTや支援機器の活用，ライフキャリア発達等）も取り上げており，保健医療福祉（障害児療育や障害者福祉）領域に携わっている人たち，そのほかさまざまな立場で支援する人たちにとっても参考となるでしょう。

　なお，「障害」の表記についてはさまざまな見解があります。特に「害」を個人の特性（ハンディキャップ）ととらえ，「障害」の表記には負のイメージがあるという意見があり，「障がい」に変更した自治体・団体もあります。一方で，「害」は社会がつくり出した障壁（バリア）であり，それを取り除くことが社会の責務であると考え，「障害」を用いている立場もあります。本シリーズは，後者の立場に立脚して構成されています。学習・生活に困難がある人に対して社会に存在するさまざまな障壁が「障害」であり，本書の読者は教育に携わる者（教職員）として「障害」を解消していく立場にあると考え，「障害」という表記を用いています。

　本シリーズの刊行にあたっては，数多くの先生に玉稿をお寄せいただきました。この場を借りて深謝申し上げます。しかし，刊行を待たずに鬼籍入りされた著者の方もおられます。刊行までに時間を要してしまいましたことは，すべて監修者の責任であり，深くお詫び申し上げます。さらに，本シリーズの企画を快くお引き受けいただきました建帛社をはじめ，多くの方々に刊行に至るまで，さまざまなご援助と励ましをいただきました。ここに改めて厚く御礼申し上げます。

　2021年1月

監修者　苅　田　知　則

花　熊　　　曉

笠　井　新　一　郎

川　住　隆　一

宇　高　二　良

はじめに

　特別支援教育の対象となる幼児児童生徒は，医学的器質的疾患を背景に有しています。したがって，教育にあたっては，その疾病の特性を知ることが大切です。特別支援教育領域の五つの障害種の中でも，聴覚障害は特に専門性が求められる領域です。日常生活の自立というよりは，聞こえの困難からもたらされるコミュニケーション障害の克服と，書記言語を含めた言語力の獲得が主目標となります。そのためには，出生直後から就労に至るまでの系統立った教育が欠かせません。多くの聴覚障害児は学校を卒業した後には，一般社会において障害のない人々に混じって就労し，生活していくことになるため，自立のためのセルフアドボカシーも身につけておく必要があります。

　一方，近年の科学の発達はめざましく，聴覚障害児を取り巻く環境も変化してまいりました。人工内耳はもっともすぐれた人工臓器のひとつであり，全く聞くことが困難であった重度先天性難聴児でも，音を聴き取ることができるようになってきました。補聴器や補聴援助システムも格段の進歩を遂げています。しかしこれですべてが解決するわけではなく，たとえ人工内耳手術を受けたとしても重度難聴が軽度難聴に変わるだけであり，やはり日々の地道な研鑽が求められています。

　第1章では聴覚障害教育の概要として，音が聞こえる，音を聴くということの意義，また聞こえの困難から生じる問題などについて，総論的に触れております。第2章では聴覚系の生理・病理・心理ということで，まず聴覚系の解剖や聞こえの仕組みについて述べ，続いて聴覚検査，特に医療の現場で実施されるさまざまな精密検査方法を示してあります。さらに，補聴器や人工内耳など音声言語を聴取するための手段，そして手話を含めた言語獲得のための方法やその評価について説明しました。第3章では，聴覚特別支援学校における教育課程の流れを示し，年齢ごとに具体的指導法について詳記しました。また，特別支援学級や通級指導教室の役割についても書面を割いております。最後の第4章では，聴覚障害児の生涯にわたる発達支援として，障害認識やアイデンティティ確立の重要性，さらには支援学校卒業後のキャリア教育や社会的自立・就労での問題点について説明しました。

　執筆に際して教員養成課程で学生教育にあたっておられる教員の他に，医療や教育の実際の現場で日ごろ難聴児に直接指導をなさっておられるさまざまな職種の先生方にも依頼し，聴覚障害児教育を具体的に理解できるように努力いたしました。

　聴覚障害教育を目ざす学生の入門書として，また現任の先生方の知識の整理に，少しでもお役に立てればと願っております。

2021年1月

編著者　　宇高　二良

長嶋比奈美

加藤　哲則

目 次

第3章 聴覚障害児の教育課程・指導法

第4章　聴覚障害児者の生涯発達支援

第1章

聴覚障害教育の概要

① 聞こえとは

　人にとって聞こえとは，どのような働きをもつものなのであろうか。

　私たちは24時間，さまざまな音に囲まれて生活している。意識的に，また無意識的にも聴覚を介して，身の周りの環境音や音楽，音声を知覚し認識していく。家族との会話や好みの音楽を楽しむ中で，時に無意識的に小鳥の声に心を癒され，久しぶりに戻った街のざわめきを懐かしむ。このような聞こえから得られる情緒的安定は，母親の声を他人と聞き分ける乳児期から始まっている。

1　聴覚の発達

　人の耳は，胎生期7か月ごろには音を聞くことが可能となり，その後は母親の心臓拍動音（心拍音）を聞きながら育つ。胎児の聴覚には，母親のリズミカルな心拍音が最も快適な音と刻印されることとなる。出生時には通常，聴器・聴神経ともに完成している。

　新生児期は，突然音がすると，**モロー反射**や**眼瞼反射**が起きる。これらは原始反射であり，4か月ごろになると大脳辺縁系の発達に伴って，抑制されて消失する。

モロー反射
p. 29参照。

眼瞼反射
p. 29参照。

　4か月ごろには，日常のいろいろな音に関心を示し，音源に振り向くようになる。音に気づき，音源をみることを繰り返すことにより，テレビで玄関のチャイムの音がすると，自分の家の玄関のほうをみるなど「音」と「音を出している物」との関係性，すなわち刺激と指示対象との関係に気づくようになる。

　8か月ごろになると，周囲の音と物との関係性だけでなく，人のことばと状況との関係性にも気づくようになる。例えば「ダッコ」ということばを聞くと，大人が抱き上げてくれることがわかり，自分からうれしそうに両手をあげて，抱かれようとする。また，「ブーブー」という大人の声に，車のほうをみるなどことばと物との関係性，すなわち物に名前があることにも気づいていく。

このように，ただ音や音声を「聞く」だけでなく，注意を集中して積極的に「聞く」経験を積み重ねることで，対象の音や音声の意味を理解する能力である「聞く力」が育っていく。

2　きくこと

きくことは，①聞こえる（hear），②聞く（hear），③聴く（listen），④傾聴する（active listen），⑤訊く（demanding listen）の五つのレベルに分類することができる。

①　聞こえる（hear）：なんとなく耳に入っている段階。

②　聞く（hear）：なんとなく聞いて気づく段階。

③　聴く（listen）：意志をもって聴く段階。

④　傾聴する（active listen）：意志をもち，注意集中して聴いている段階。

⑤　訊く（demanding listen）：自分の訊きたい意志を相手にまで及ぼし，答えを求めて積極的に訊き出す段階。

私たちは生活の中で，周囲の状況や自分の必要に応じて，上記のいろいろなレベルのきき方をしている。きくときの心理状態が消極的な場合は「聞こえる」「聞く」のレベルである。一方，心理状態が積極的な場合は「聴く」「傾聴する」「訊く」のレベルである。

また，これらのレベルは，子どものきく力の発達の段階と考えることもできる。社会性の芽生えや，さまざまな発達に支えられて，きく力は発達していく。例えば，母親の声が聞こえてくると探し求めようとする行動の「聴く」活動，ことばの一部をまねて言おうとする行動にみられる「傾聴する」活動など，積極的かつ能動的なステップを経て，2歳ごろには人に質問するという「訊く」レベルまで発達する。

3　音楽と聞こえ

音楽のもつリズム，ハーモニー，メロディは，人の創造的イメージの世界を豊かにし，知性や感性に磨きをかける芸術のひとつである。

音楽との出会いは，聞こえるから始まることが多い。なんとなく聞くことを繰り返す中で，好みの音楽を聴くに移行していく。人は，好みの音楽を聴くことで，心が安らぎ，精神的安定や高揚を図ることができる。

子どもが音楽や歌唱のリズムに合わせて，手足を動かすといった姿は，9か月ごろから現れてくる。音楽とダンスという強いつながりだけでなく，音楽のもつリズムは，人の身体活動の調和を容易にする。

さらに，園や学校生活だけでなく，日常生活の中でも，音楽に合わせて踊っ

たり歌ったり，楽器を演奏して楽しむことへと広がっていく。本来，音楽には人の身体や心の中に，情操を育てていく力がある。

4　音声と感情

　日常のコミュニケーション行動では，話し手の感情は顔を見て気づくことが多い。そして，相手の本当の感情に正しく気づくことは，とても重要なスキルである。

　しかし，電話のように相手の顔を見ることができない場合もある。また「顔で笑って，心で泣く」ということばがあるが，時に相手の感情が，顔と声で矛盾している場合がある。このような場合には，音声などのほかの手掛かりを利用して，相手の感情を知ろうとする。

　音声には言語的意味情報以外に，相手の感情を表現している情緒性情報を含んでいる。人は，声の大きさや声の高さ，話す速さや間の取り方などで，声や話し方に感情を込めて話す。例えば，うれしいときは声の調子が高くなりやすく，悲しいときは声が低くなりやすい。

　「顔で笑って，心で泣く」のではなく，「顔で笑って，声で泣く」ことも決して少なくはない。相手が，本当の自分の感情を隠そうとしている場合に，音声で感情を聴くということがとても重要となり，コミュニケーション能力として必要となってくる。

5　音の基本的性質

　聴覚心理学的に音とは「媒質を伝達する疎密波のうち，聴覚によって認知されるもの」と定義される。前文の意味は，気体・液体・固体を問わず伝達する物質（媒質）が必要で，その一端に圧力がかかると物質の密度変化が起こり，それが進行方向に伝わっていく（疎密波）現象をさす。電磁波や光と異なり，音は真空では伝わらない。後文の意味は，疎密波のうちでそれぞれの動物の聴覚器官によって認知されたものが「音」ということである。したがって，人と動物では聞いている音が異なる。疎密波のうち，特定の周波数と強さが音として認識されている。人の場合は周波数 Hz（ヘルツ）でいうと20〜2万 Hz ぐらいであり，動物の中でも例えばイヌであれば15〜5万 Hz ぐらい，コウモリでは1,000〜12万 Hz ぐらいとかなり高周波域まで音と認知されている。

　疎密波の強さは圧力変動であり，圧力単位の Pa（パスカル）で表すことができる。人の耳の聴取できる範囲は非常に広く2,000Hz 付近の周波数では0.00002 Pa の弱い所から200Pa あたりまで音と認識される。しかしこの表示では 6 から 7 桁に及びわかりにくいことと，人の音の感覚自体が**ヴェーバーフェヒ**

ヴェーバーフェヒナーの法則
Weber-Fechner
聴覚をはじめとする人のさまざまな感覚量は，刺激の強度ではなく，その対数に比例して知覚される。

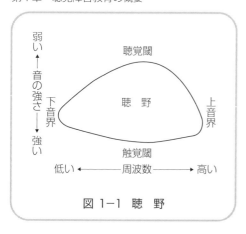

図 1-1　聴　野

ナーの法則に従ってとらえられるため，対数表示である dB（デシベル）で表される。

　人の耳で音として感知される周波数と強さの範囲を聴野（auditory area）と呼んでいる（図1-1）。強さの軸に沿って弱い方向の限界が聴覚閾（threshold of hearing）であり，これより弱い強さでは音として知覚されない。一方，強い方向への限界は触覚閾（threshold of feeling）であり，これより強い強さでは音としてではなく痛みとして感じる。また，周波数の軸に沿って低いほうへの限界を下音界（lower tone limit），高い方向への限界を上音界（upper tone limit）という。

人の上音界，下音界は上述のとおりである。聴覚閾値（最小可聴値）と触覚閾値（最大可聴値）は音の周波数によって異なり，閾値は最も低いすなわち聴覚感度が最もよいのは2,000Hz付近であり，そこから高周波数，低周波数の両方に向かって感度は悪くなる。人が音として認知できる強さは0～140dB程度である。なお，この可聴範囲の中でも人が日常生活に最も必要とする言語の音域は，およそ500～2,000Hzの間であり，この範囲を特に言語領域（speech range）と呼んでいる。

　最後に，ヘレン・ケラーは「見えないことは人を物から引き離し，聞こえないことは人を人から引き離す」と語ったといわれている。人とのコミュニケーション能力において，みずからが話す前に，相手の話を聞くことがとても大切である。また，聞いて理解することばが先で，話しことばの発達はその後である。

参考文献
・喜多村健編：言語聴覚士のための聴覚障害学，医歯薬出版，2005.
・重野　純：聴覚・ことば，新曜社，2006.
・山田弘幸編著：改訂聴覚障害Ⅰ，建帛社，2007.
・山田弘幸編著：改訂聴覚障害Ⅱ，建帛社，2007.
・中村公枝他編：標準言語聴覚障害学　聴覚障害学　第2版，医学書院，2015.
・大沼直紀監修：教育オーディオロジーハンドブック，ジアース教育新社，2017.

❷ 聞こえの困難とは

❶　さまざまな基準から聞こえの困難さを考える

　聴覚障害（聞こえの困難さ）とは，外耳から大脳までのいずれかの部位に支障をきたすことにより生じ，聴覚の感度が低下した状態を示す。聞こえが悪くなった自覚がなくても，検査で聴力低下がみつかれば難聴である。人では，音そのものが聞こえていない場合とともに，音が聞こえていてもことばとして聞き取れない場合も難聴という。

　医学的に聴覚障害は，障害部位によって「伝音難聴」と「感音難聴」の二つに大きく分けることができる。「伝音難聴」は，外耳から鼓膜や中耳に問題があり，医学的には治療によって治る可能性の高い聴覚障害である。「感音難聴」は，中耳以降の内耳や聴覚伝導路，聴覚中枢に問題があり，現在の医学をもってしても，治療の困難な聴覚障害であるといってよい。また，「伝音難聴」は，音そのものが聞き取りにくいのに対して，「感音難聴」は，音そのものとことばの聞き分けが困難であるという特徴がある。

伝音難聴・感音難聴
図2−14 p. 23参照。

　聴覚障害のある人と話すとき，耳元で大きな声を出すとよいと考えている人が多いが，驚かれたり嫌がられたりした経験のある人がいるのではないかと思う。「感音難聴」の大半を占める内耳の障害では，小さな音が聞こえない一方で，大きい音には過敏で不快になるという特徴（補充現象）がある。聴覚障害のある人と話すときの配慮事項には，相手の顔を見て，話すことに気づいているかを確認して話し始める。文の句読点を目安に間を置いて，語尾まではっきり，ゆっくりと話すことなどがあげられる。

補充現象
コラム p. 19参照。

　聞こえの困難さは，聞こえの程度によっても異なる。聴力は dB で表され，低い音から高い音までのいくつかの周波数（Hz）の検査音を，聞き取れる最小のレベルを測定した結果である。聴力による分類の基準設定は，国内外で一定したものはない。WHO の基準では，500Hz，1,000Hz，2,000Hz，4,000Hz の良耳の平均レベルを，正常（25dB 以下），軽度（26〜40dB），中等度（41〜60dB），高度（61〜80dB），重度（81dB 以上）に分類している。日本で用いられている難聴の程度分類（四分法による平均聴力レベル）と障害について表1−1に示す。

WHO
World Health
Organization
世界保健機関。人間の健康を基本的人権のひとつととらえ，その達成を目的に設立された国際連合の専門機関。

　日本においては，身体障害者の等級基準などには，四分法が用いられている。会話聴取に最も大切な周波数の500Hz，1,000Hz，2,000Hz のうち，1,000Hz を重視し，（500Hz の閾値）＋（1,000Hz の閾値×2）＋（2,000Hz の閾値）／4で表される。なお，労働災害補償保険などでは六分法といって，1,000Hz とと

表 1-1　難聴の程度分類

程度分類	平均聴力(dB)	聞こえの状態
正　常	25未満	
軽度難聴	25以上40未満	小さな声や騒音下での会話の聞き間違いや聞き取り困難を自覚する。
中等度難聴	40以上70未満	普通の大きさの声の会話の聞き間違いや聞き取り困難を自覚する。
高度難聴	70以上90未満	非常に大きい声か補聴器を用いないと会話が聞こえない。たとえ聞こえても聞き取りには限界がある。
重度難聴	90以上	補聴器でも聞き取れないことが多い。人工内耳の装用を考慮。

出典）日本聴覚医学会：難聴対策委員会，2014.

もに2,000Hz も重みづけた（500Hz の閾値）＋（1,000Hz の閾値× 2）＋（2,000 Hz の閾値× 2）＋（4,000Hz の閾値）／ 6で計算される。

　また難聴の発症時期は，言語習得やコミュニケーションに大きな影響を及ぼす。先天性難聴は，生まれつき聞こえに問題が生じている状態のことをさすが，原因の60〜70％は遺伝性で，残りの30〜40％は非遺伝性といわれている。中途失聴であっても，言語獲得途上であるか言語習得後であるかで，聞こえの困難さがもたらす影響は大きく異なる。失聴時期による影響について表1-2に示す。

新生児聴覚スクリーニング検査
早期に難聴を発見することを目的に行う新生児のための聴力検査。

　最近では，**新生児聴覚スクリーニング検査**の普及により，乳児期早期に高度難聴のみならず，軽度・中等度難聴や片耳難聴が発見されるようになってきている。聞こえの困難さの影響は，障害の部位，聴力の程度，難聴の発症時期や発見時期，そしてハビリテーションのあり方などによって異なってくる。

　また，聞こえの困難さを表す用語として「聴覚障害」「難聴」「ろう」などの

表 1-2　失聴時期による聞こえへの影響について

言語習得段階	失聴時期	年　齢	特　徴	言語・コミュニケーションへの影響				
				語音知覚	発声発語	コミュニケーション	音声言語習得	書記言語学習
前	乳幼児期前期	0〜3歳	音声言語習得期	＋＋	＋＋	＋＋	＋＋	＋＋
途　上	幼児期後期	4〜6歳	書記言語習得前期 生活言語	＋＋	＋＋	＋＋	＋＋	＋＋
	学童期	6〜12歳	書記言語獲得後期 学習言語	＋＋	＋	＋＋	＋	＋＋
後	思春期	12〜18歳	心理的影響大 人間関係構築	＋＋	＋	＋＋		＋
	青年期	18〜20歳代	人生の転機点 就職・結婚・出産等	＋＋	＋	＋＋		
	成人期	30〜50歳代	社会的・経済的影響	＋＋		＋＋		
	高齢期	60歳以降	多くが老人性難聴 家族関係の問題	＋＋		＋＋		

＋＋：影響あり，＋：一部影響あり

ことばが用いられるが，日本では，それぞれが厳密に定義され使い分けられてはいない。医学の分野では，診断名や障害特徴や程度の表現として「難聴」が用いられることが多い。「ろう」は，一般的には聴力の程度が最重度のことを表している。聴力に関係なく，手話言語をコミュニケーションの主体としている場合に「ろう」を用いることもある。

2　生活の中での聞こえの困難さを考える

聴者は，相手の声の大きさやプロソディで，相手の感情を読み取ることができる。また，心地よい音楽や虫の声，雨音，泣き声や笑い声，せき払いなどにより，静寂や緊張などを感じ取り，気持ちが和らいだり，昂揚感にあふれたりする。しかし聴覚障害児者には，聞こえの程度や聴覚活用の程度にも影響されるが，聞こえで気持ちの動きをとらえることはとても難しい。

また聴者は，足音で人の来訪を察知し，その人と出会う前にその準備を始める。だが，聴覚障害児者にとっての始まりは，その人の姿を確認することによる。この時間差が聞こえの困難さを示している。

「耳学問で得た」「小耳に挟んだ」ということばがあるように，聴者はたくさんの間接情報を得ることができる。また「ノート書きをしながら，話を聞く」といったように，視覚と聴覚を同時にそれぞれ独立して使うこともできる。これは，情報収集と活動の効率性を高める重要な行動特徴のひとつである。しかしこの行動は，たとえ軽度難聴であっても聴覚障害児者には困難なことである。中学３年生で発見された軽度難聴の生徒が，学校生活で補聴器を試聴した感想を「補聴器をつけると，ノート書きをしながら先生の話を聞くことができた」と報告した。聴者の親は，家庭での会話では困ることはなかったのに「書きながら聞く」という活動ができていなかったことを知り，涙を流した。

家族や友人間で，話題になっている予定や取り決めといった重要な情報を，聴覚障害のある子どもだけが知らなかったというトラブルはまれではない。複数人で話しているのを聞くことは，聴覚障害児者にとっては，とても難しい。それは単なる情報障害にとどまらず，心理的な疎外感や孤独感へとつながる重大な問題となる。

また，聴覚障害児者の聞こえの反応が一定しないようにみえることがある。そのため，自分の都合のよい聞き方をしていると誤解されやすい。これは加齢性難聴のある高齢者にもよくみられるトラブルの原因である。聞こえは，環境条件によって大きく左右される。例えば，１対１での会話と集団とでは聴取の困難さは全く異なる。同じ１対１場面でも，騒音の有無や話者の話し方によっても異なる。また聞こえは心理条件によっても異なる。注意集中しているか否か，興味・関心の高さなども聴取する力に影響するのである。このことから，

プロソディ
文字で表現できないことばの構成要素。強弱やリズム，音の高さなど。ただしアクセントは含まない。

聴者にとっては聴取条件の悪化に影響がないようなわずかな変化が，聴覚障害児者には影響するということを認識する必要がある。

演習課題
1．聴覚障害を障害部位によって分類し，それぞれ説明してみよう。

参考文献
・喜多村健編：言語聴覚士のための聴覚障害学，医歯薬出版，2005.
・小川　仁他編：聴覚障害の診断と指導，学苑社，2000.
・山田弘幸編著：改訂聴覚障害Ⅰ，建帛社，2007.
・山田弘幸編著：改訂聴覚障害Ⅱ，建帛社，2007.
・深浦順一他編：言語聴覚療法技術ガイド，文光堂，2014.
・中村公枝他編：標準言語聴覚障害学　聴覚障害学　第2版，医学書院，2015.

❸　ICF による聞こえに困難がある人を理解する視点

1　一人ひとりを理解するうえで必要となる ICF の視点

　国際生活機能分類（International Classification of Functioning, Disability and Health：ICF）は，実際の生活状況とその中で生じている諸問題を把握することを目的に2001年に WHO で採択された。また，2007年には ICF から派生する形で，国際生活機能分類児童版（ICF for Children and Youth：ICF–CY）が発表された。

　ICF や ICF–CY は，個々の今ある姿を肯定的にとらえ，複数の構成要素間の相互作用の中で生じている生活上の困難の発生要因を考え，多面的かつ総合的に支援をみつめていくアプローチである。また，ICF は，病気や機能障害を重視する**医学モデル**と社会環境を重視する**社会モデル**の統合モデルである。

　昨今は，医療や福祉，教育，行政などの関連機関が領域の垣根を越えて個々の支援について検討することも多い。ICF はその際の情報共有の有効な手段である。聞こえに困難がある人をとらえるうえでも同様に ICF の視点は重要である。

医学モデル
障害という現象を個人の問題としてとらえ，病気・外傷やその他の健康状態から直接的に生じるものとし，その目標は治癒や個人の行動の変容とする考え方。

社会モデル
障害を主として社会につくられた問題とみなし，参加に必要な環境の変更を社会全体の共同責任とする考え方。

2　ICF の考え方における生活機能モデル

　ICF は，「生活機能」の分類と，それに影響する「背景因子」および「健康状態」で構成される。それらの相互作用を表したものが ICF の生活機能モデル（図1−2）である。

　まず，「生活機能」は ICF の中心概念であり，参加（participation），活動（activity），心身機能・身体構造（body functions and structure）の三つに区分される。特に ICF の大きな目的は，個々について単に社会参加をさすだけでなく，家庭や地域，学校などの広範囲にわたる生活領域での参加を保障することである。聞こえに困難がある人の理解も，現在の生活における参加状況を把握することから始まり，いかにその活動領域を拡大するかが重要な目標となる。

　例えば，聴覚障害児が難聴学級で日々の学習に取り組むことや休み時間に友だちと遊ぶこと，休日に

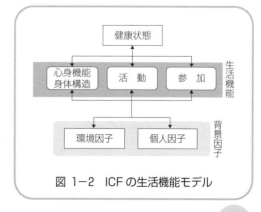

図 1−2　ICF の生活機能モデル

同胞と地域の行事に出席することも「参加」である。それらの生活領域の中で，実際に「している活動」と「できる活動」が何か，参加を制約しているものが何かをそれぞれとらえ，それが難聴（心身機能・身体構造）とどう関連しているのかなど，生活機能全体の相互作用を検討することが重要である。そして，生活機能における活動制限の緩和と，参加の促進につながる具体的なアプローチを考えることから支援は始まる。

また，生活機能に大きく影響するものが，環境因子と個人因子からなる「背景因子」である。背景因子の中で生活機能にプラスに働くものを促進因子，マイナスに働くものを阻害因子と呼ぶ。聴覚障害児の学校生活における環境因子で考えると，補聴機器の使用や難聴に対する周囲の理解は促進因子であり，教室内雑音や配慮のない座席配置は阻害因子である。いかに阻害因子を削減し，促進因子を増加させることができるかが，支援において重要である。また，個人因子としては，自身の難聴に対する理解やコミュニケーション意欲などがあげられる。生活の中で，自身の難聴に対する理解を深めるとともに，いかに成功体験を蓄積し，自尊心を高めることができるかも重要な視点となる。

3　共通言語としての ICF

聞こえに困難がある人を取り巻く環境は，その人を中心に，家庭，保健，医療，福祉，教育，行政など多様な立場と領域にわたる。それはすべてが独立して行われるものではなく，それぞれの立場で専門性を生かしつつ，立場や領域の垣根を越えた連携が不可欠となる。実際に新生児聴覚スクリーニング検査や**乳幼児健診**などで難聴が疑われると，医療機関で難聴の有無とその原因や程度などを調べるとともに，**補聴機器**の貸与や購入のための助成の申請を行政に対して行うことになる。さらには，家庭や保育所，幼稚園などでの生活状況を確認しながら，必要な支援を検討していく。

その際に，それぞれにしかわからない方法や用語を用いて状況整理を行っていては，連携を図ることは容易ではない。そこで，ICF を用いて，生活機能や背景因子をまとめていくことで，互いの情報を共有しやすくなり，難聴が発見された児の生活全体を理解することが可能となる。

そういった意味で，ICF は領域の垣根を越えた共通言語であり，聞こえに困難がある人を取り巻くすべての立場において，重要な視点であるといえる。

乳幼児健診
乳幼児健康診査。1歳6か月児健診や3歳児健診などがある。

補聴機器
聴覚障害者の聴力を補うために用いられる機器。補聴器や人工内耳，補聴援助システム等がある。

演習課題
1．国際生活機能分類（ICF）とは何か，簡単に説明してみよう。
2．聞こえに困難がある人を支援するうえでの背景因子の中で，どのような促進因子があるのか考えてみよう。

　特別支援教育・インクルーシブ教育の推進

　日本ですべての障害のある子どもの教育が義務化されたのは1979年のことであるが，障害の有無によって子どもを分け，普通教育と障害児教育とに二分するいわゆる分離教育であった。1980年には交流および共同学習の積極的推進を図るいわゆるインテグレーション教育（統合教育）が開始された。その後，インクルーシブ教育が開始されている。インクルーシブ教育では，「子どもは一人ひとりがユニークな存在であり，一人ひとり違うのを前提（一元論）として，すべての子どもを包み込む教育システム（education for all）の中で，一人ひとりの特別なニーズに応じた教育を行う」ことを目ざしている。**フルインクルーシブ教育制度**を採用している国もみられるが，現在，日本ではイギリス，アメリカ，フランスなどのように特別支援学校や特別支援学級を残したうえで，可能な限り通常学級との交流を目ざしながら，一人ひとりの特別な教育的ニーズに応じるパーシャルインクルーシブ教育を取っている。

フルインクルーシブ教育制度
すべての子どもを通常学級で教育する制度。イタリア，スウェーデン，ノルウェーなどが採用。

1　障害のある子どもの教育制度

　現在，難聴のある子どもを含む障害のある子どもの教育の場としては特別支援学校，小学校・中学校における特別支援学級，通級指導教室（通級による指導）そして通常の学級における指導の4種類がある。特別支援学校は障害の程度が比較的重い子どもを対象として専門性の高い教育が行われている。通常の幼稚園から高等学校に相当する年齢段階の教育が，特別支援学校ではそれぞれ幼稚部・小学部・中学部・高等部で継続的に行われる。対象としては視覚障害，聴覚障害，知的障害，肢体不自由，病弱・身体虚弱の5種目が定められており，それぞれの障害に応じた設備や教員が配置されている。

　一方，通常の小学校・中学校に設置されている特別支援学級では，障害の種別ごとの少人数学級で，障害のある児童生徒一人ひとりに応じた教育が行われている。基本的には国語や算数などの主要教科は特別支援学級において少人数での授業を受けるが，その他の教科や給食などは通常学級で障害のない子どもたちといっしょに過ごすことになる。通級による指導では通常の学級に在籍し，ほとんどの授業を通常の学級で受けながら，障害の状態に応じた特別な指導が週1〜8単位時間かけて通級指導教室といった特別な指導の場で行われる。さらに，通常の学級においても，特別な支援が必要な児童生徒に対しては，少人数指導や習熟度別指導を行ったり，支援員がつくことで対応している。

2　障害のある子どもの就学先の決定

　　障害のある子どもの就学先は学校教育法施行令によって規定されている。特別支援学校へ就学する基準として，例えば聴覚障害であれば身体障害者手帳取得者か，「両耳の聴力レベルがおおむね60デシベル以上のもののうち，補聴器等の使用によつても通常の話声を解することが不可能又は著しく困難な程度のもの」（第22条の3）に該当すると医師が診断した者とされている。過去には，この診断を受けた児童生徒はすべて特別支援学校に就学することとなっていた。2002年には，例外的に特別支援学校ではなく認定就学者として小学校・中学校への就学を可能とする認定就学制度が創設された。

　　さらに，2013年にはインクルーシブ教育システムの理念が提唱されたことと，学校施設のバリアフリー化や教職員の配置や研修体制等の充実が図られたことから，通常の学校に就学することを原則として認定特別支援学校就学制度に変更となった。

　　5種の障害で就学基準に達していない児童生徒や他の障害種については，特別支援学級や通級指導教室または通常の学級に就学することになるが，その選択は保護者の意見なども勘案して，かなり弾力的に運用されるようになってきている。

3　基礎的環境整備と合理的配慮

　　障害のある者が一般的な教育制度から排除されないことを前提として，まず基礎的環境整備を行ったうえで，個々人に対して合理的配慮を行う二本立てとなっている。

　　基礎的環境整備は国や都道府県，そして市町村がそれぞれの立場で，合理的配慮の基礎となる環境整備を行うことである。

基礎的環境整備
① ネットワークの形成・連続性のある多様な学びの場の活用。
② 専門性のある指導体制の確保。
③ 個別の教育支援計画や個別の指導計画の作成等による指導。
④ 教材の確保。
⑤ 施設・設備の整備。
⑥ 専門性のある教員，支援員等の人的配置。
⑦ 個に応じた指導や学びの場の設定等による特別な指導。
⑧ 交流及び共同学習の推進等。

　そのうえで，障害のある児童生徒が他の児童生徒と同じように教育ができるよう，一人ひとりの状況に応じた配慮を学校の設置者・学校が行うことが合理的配慮である。合理的配慮とは意味がわかりにくいことばであるが，国連の権利条約で初めて使われた文言"reasonable accommodation of individual requirements"の日本語訳である。配慮というよりは，一人ひとりの必要性・要求に応じた理にかなった対応と解釈すべきである。

　合理的配慮の観点として，① 教育内容・方法，② 支援体制，③ 施設・設備での対応があげられている。例えば，平均聴力40dB 程度の両側軽度難聴児が通常の教室に在籍した場合には，教育内容としては言語経験の少ないことによる体験とことばの結びつきの弱さを補う指導として，話し合いの内容を確認するために書いて提示し読ませる，もしくは同音異義語の指導を行う。支援体制としては，児童生徒の理解啓発のために難聴者の気持ちになってどう行動すべきかを考える授業を行う，設備に対しては行事におけるプロジェクターの導入など，個々の状況に応じてさまざまなきめの細かい対応を行うなどである。

演習課題

1．両耳平均聴力が40dB 程度の難聴のある子どもが就学することを想定して，通常学級における基礎的整備と合理的配慮を考えてみよう。

参考文献

・厚生労働省大臣官房統計情報部編：国際生活機能分類－児童版－，厚生統計協会，2009.
・国立特殊教育総合研究所：ICF 活用の試み－障害のある子どもの支援を中心に－，ジアース教育新社，2005.
・国立特殊教育総合研究所：ICF 及び ICF-CY の活用　試みから実践へ－特別支援教育を中心に－，ジアース教育新社，2007.
・西村修一：子どもの見方がかわる ICF－特別支援教育への活用－，クリエイツかもがわ，2009.

第2章

生理・病理・心理

① 医学的基礎知識（生理・病理）

1 耳の構造

聴器・平衡器は末梢部と中枢部からなる（図2-1）。末梢部はいわゆる左右一対の「耳」にあたる部分で，外耳・中耳・内耳の3部分に大別される。外耳には耳介・外耳道，中耳には鼓膜・**中耳腔**（鼓室）・三つの耳小骨・二つの耳小骨筋・**耳管**・**乳突洞**・乳突峰巣がある。内耳は聴覚に関係する蝸牛と，平衡に関係する耳石器と半規管からなる。耳石器・半規管を含めて前庭と呼ぶことがある（耳石器のみをさすこともある）（表2-1）。

中枢部は内耳につながる内耳神経（第Ⅷ脳神経），延髄中にある前庭・蝸牛神経核を含む聴覚伝導路，最終的に音を認知する大脳側頭葉からなっている。

中耳腔
鼓膜の内側の部屋。

耳 管
中耳腔と鼻咽腔をつなぐ管。

乳突洞
中耳腔の後方に広がる含気腔。

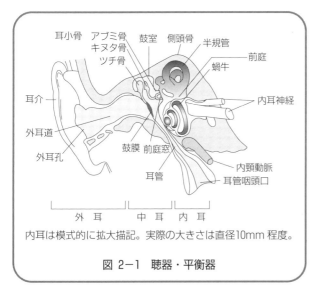

内耳は模式的に拡大描記。実際の大きさは直径10mm程度。

図 2-1 聴器・平衡器

表 2-1 耳の構造

外 耳	耳 介
	外耳道
中 耳	鼓 膜
	中耳腔
	耳小骨（ツチ骨・キヌタ骨・アブミ骨）
	耳小骨筋（アブミ骨筋・鼓膜張筋）
	耳 管
	含気腔（乳突洞・乳突峰巣）
内 耳	蝸 牛
	耳石器（球形嚢・卵形嚢）
	半規管（外側半規管・前（または上）半規管・後半規管）

（1）外　耳

1）耳　介

耳介は薄い軟骨を皮膚が覆い，靱帯と筋肉により側頭部に付着している。ほ乳類では集音機能を果たしているが，人ではその作用は小さい。しかし，耳介前面の複雑な凹凸の形態ゆえに，音源の方向感の認知に役立ち，左右方向のみならず前後方向や上下方向の区別ができる。

2）外耳道

外耳道孔から鼓膜までの全長約3.5cm の管状の通路で，外側半分の軟骨部と内側の骨部からなる。両者の移行部が最も狭い。軟骨部には豊富な皮下組織があり，耳毛（むくげ），分泌腺を有する。軟骨部外耳道は耳介を牽引することで，形が変わる。一般的に耳介を後上方に引っ張ると外耳道が直線になり，鼓膜をみることができる。外耳道は一端が鼓膜で閉鎖された管状構造のために共鳴効果がある。音波が外耳道を通過することで，3,000〜4,000Hz の高音域で約10dB 音圧が増強される。

> **音**
> 媒質を伝わる疎密波のうち，聴覚によって認知されるもの。動物によって聞こえている音の範囲は異なる。

（2）中　耳

1）鼓　膜

鼓膜（図2-2）は長径9〜10mm，短径8〜9 mm，厚さ約0.1 mm の中央がくぼんだ楕円形の膜で，前下方に傾斜して張っている。鼓膜の前上方から中央にかけて耳小骨のひとつであるツチ骨が付着している。鼓膜は正常であれば中耳の構造物が透けてみえる。外耳道を通ってきた気体の振動を鼓膜において固体の振動に変換している。

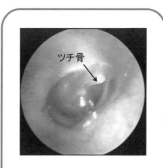

図 2-2　右耳の鼓膜

ツチ骨

2）中耳腔（鼓室）

鼓膜の後ろに広がる6面をもつ約0.8cm³の空洞で，薄い粘膜で覆われている。前方には耳管，後上方は乳突洞口を介して乳突洞・乳突蜂巣と交通している。上方は骨壁を経て脳と接する。下方は外耳道より一段低くなった骨壁で頸静脈・頸動脈に接する。内側壁は内耳の外壁にあたる。後上部には前庭窓（卵円窓），後下部に蝸牛窓（正円窓）があり内耳と交通している。前庭窓にはアブミ骨底が付着し，蝸牛窓は蝸牛窓膜で閉鎖されている（図2-3）。

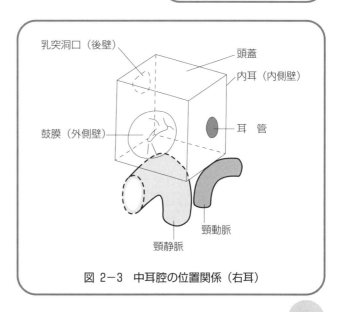

乳突洞口（後壁）
頭蓋
内耳（内側壁）
鼓膜（外側壁）
耳　管
頸動脈
頸静脈

図 2-3　中耳腔の位置関係（右耳）

3）耳小骨

ツチ骨，キヌタ骨およびアブミ骨の3小骨が互いに一種の関節で耳小骨連鎖を形成している。ツチ骨の柄は鼓膜に，アブミ骨の底板は前庭窓に付着し内耳に連絡しており，鼓膜振動は耳小骨連鎖を経て内耳に伝えられる。耳小骨は人の身体の中で最も小さな骨で，重さが50mgに満たない。

4）耳小骨筋

アブミ骨筋と，鼓膜張筋の2種類の筋がある。アブミ骨筋はアブミ骨に，鼓膜張筋はツチ骨に付着する。これら耳小骨筋は70dB以上の大きな音で反射的に収縮することで，音を減衰し内耳障害を起こすのを防いでいる。

5）耳　管

鼻腔後部の上咽頭と鼓室をつなぐ長さ3〜3.5cmの小管で，上咽頭側の2／3は軟骨，鼓室側の1／3は骨で形成されている。鼓室にたまった分泌物を排出する。耳管は安静時には閉鎖しているが，嚥下やあくびなどを行うと，一瞬開いて鼓室内の気圧を調節する。

6）乳突洞と乳突蜂巣

乳突洞は上鼓室の後上方に連なるえんどう豆大の腔で，両者は狭い通路（乳突洞口）で交通している。洞の天井部分は薄い骨壁を介して脳と接し，洞の下・後方には多数の蜂巣がちょうど，ぶどうの房を並べたように続いている（乳突蜂巣）。洞，蜂巣内は空気が入っており，骨表面は薄い粘膜で覆われている。蜂巣は新生児ではほとんど形成されていないが，生後は発達が著明で，4〜5歳ごろまでにほぼ完成する。

（3）内耳（迷路）

聴覚の感覚器である蝸牛と平衡覚をつかさどる前庭・半規管からなる。複雑な形から迷路とも呼ばれる。すべて側頭骨内にあり，視診では確認できない。内耳は二重構造になっており，外殻に相当するのが骨迷路で，その中に膜迷路が浮かんだ状態で存在する。膜迷路内には内リンパが満ちており，その外側と骨迷路の間隙には外リンパが満ちている。外リンパは蝸牛小管（蝸牛水管）を通じてクモ膜下腔の脳脊髄液と交流している。内リンパは内リンパ管（前庭水管）を介して脳硬膜内の内リンパ嚢に通じている（図2-4）。

なお蝸牛，前庭・半規管は出生時に形態的にはすでに完成し，以後大きさに変化はない。したがって，若年で人工内耳手術を行っても成長に伴う再手術の必要はない。

1）蝸　牛

蝸牛は迷路の前方に位置し，2回転半のかたつむりの殻のような形をしている（図2-5）。蝸牛の回転は下から順に基底回転，中回転，頂回転と呼ぶ。蝸牛の中心部には蝸牛軸があり，ここには蝸牛神経やラセン神経節が存在し，コ

コルチ器
Corti
基底板上の2種の有毛細胞を含む感覚器官。1851年コルチが初めて記述。ラセン器ともいう。

ルチ器に神経枝を送っている。神経枝の通路付近では蝸牛軸から骨が張り出し，その先端から基底板が対側に延びている。蝸牛管（中央階）は基底板によって鼓室階と分けられ，またライスネル（Reiss-ner）膜によって前庭階と分けられる。鼓室階と前庭階は外リンパで満たされ，両者は頂回転にある蝸牛孔で連なっている。蝸牛管は内リンパで満たされており，前庭の膜迷路とは結合管で交通している。基底板は基底回転から上方回転に向かうほど幅が広く，順に高音から低音を感受する構造となっている。

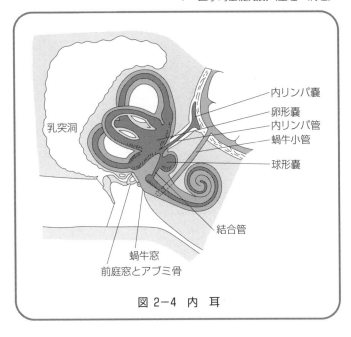

図 2-4　内　耳

①　コルチ器（ラセン器）　コルチ器（図2-6）は感覚細胞と支持細胞，

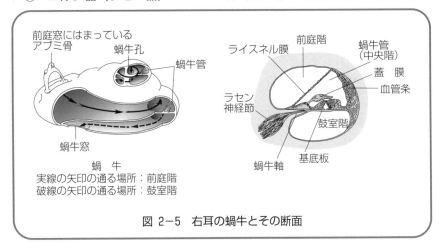

蝸牛
実線の矢印の通る場所：前庭階
破線の矢印の通る場所：鼓室階

図 2-5　右耳の蝸牛とその断面

コラム　中耳伝音機構

　中耳は水生動物にはなく，陸に上がった陸生動物になって初めてできた仕組みである。気体から液体に音を直接伝えようとすると境界面で99.9％が反射して，0.1％しか伝わらない。中耳では鼓膜と耳小骨の働きにより，固体の振動を介して，気体の振動を内耳のリンパ液に伝達することで，音響エネルギーの減衰をカバーしている。

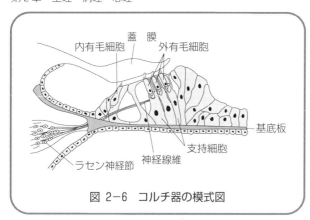

図 2-6　コルチ器の模式図

およびこれらを覆う蓋膜からなる。感覚細胞には外有毛細胞と内有毛細胞があり，支持細胞によって基底板上に固定されている。

外有毛細胞は3個が並列に配列しているが，上方回転では4列のこともある。人における総数は1万2,000個とされる。上端には聴毛が垂直に伸びている。聴毛の背の高さは蝸牛軸側が低く，順に外側列ほど高い。内有毛細胞の並びは1列で，外有毛細胞と向き合って配列している。内有毛細胞の総数は3,500個とされる。蓋膜はコルチ器を覆う膜様の構造物である。蓋膜と聴毛の先端は接している。

前庭窓にはまっているアブミ骨が振動すると，蝸牛内のリンパに波動が起こる。波動はまず前庭階を通り，先端の蝸牛孔から鼓室階に伝わり，蝸牛窓で終了する。その際に前庭階と鼓室階の間にある基底板は上下に揺れる。それに伴って蓋膜と聴毛の間にずれが生じ，聴毛が傾く。聴毛の背の高い方向すなわち基底板が上方へかしいだときのみ興奮し，電気的信号が生ずる（**脱分極**）。なお，基底板は音の周波数によって最も強く振動する部位が決まっており，高い周波数の音は入り口に近い基底回転で，低い周波数の音は頂回転付近で反応する。このように，蝸牛のレベルで音の強さや周波数など，音の基本的性質の解析が始まっている。

内有毛細胞は脱分極によって起こった電気的信号を中枢に伝えている。一方，外有毛細胞は異なった働きをしている。外有毛細胞は収縮性たんぱくを有しており，脱分極すると長さが収縮し，過分極により伸張する（図2-7）。基底板の振動が起こると，それが引き金となって外有毛細胞自体が収縮伸張を反復することで，基底板の動きをさらに増強している（能動的振動：active process）。この機構は60dB以下の音圧のときに作動し，約45dBの音の増幅を行っている。また，基底板振動の最大付近のみに限局して起こる。そのため，この能動的振

脱分極
安静時には細胞の内外に数10mVの電位差がある。陽イオンが細胞内に流れ込んで電位差がなくなることで能率よく興奮する細胞の普遍的仕組み。

耳音響放射
active processで外有毛細胞が伸縮する際にこすれて出る音をとらえた現象。

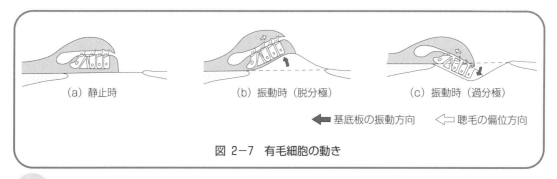

（a）静止時　　　　（b）振動時（脱分極）　　　　（c）振動時（過分極）

◀━ 基底板の振動方向　　◁ 聴毛の偏位方向

図 2-7　有毛細胞の動き

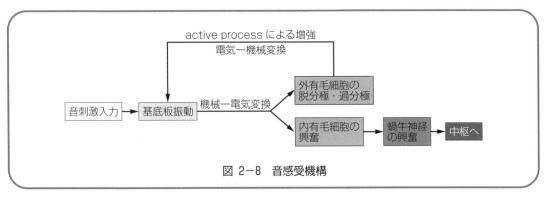

図 2-8 音感受機構

動は弱い音の感受性を高めるとともに，周波数弁別の向上にかかわっている。**耳音響放射**や補充現象は外有毛細胞特有の現象である（図2-8）。

② **聴覚中枢路**　内有毛細胞の興奮は，最短でも５本のニューロンの求心性線維を介して，大脳皮質側頭葉の横側頭（Heschl）回にある大脳皮質一次聴覚領に達する（図2-9）。第一次ニューロンに相当するのが蝸牛神経であり，細胞体は蝸牛内のらせん神経節にある。ラセン神経節から出た蝸牛神経は内耳道を通って脳幹にある蝸牛神経核に至る。

ここからさらに大部分が交差して，反対側の上オリーブ核，外側毛帯核，下丘，内側膝状体を次々にニューロンを替えながら，側頭葉の聴皮質に至る。

右耳から入った聴覚情報は左側頭葉で，左耳からは右側頭葉で認知される。交差後の上オリーブ核や下丘，内側膝状体では両側の聴覚路を交通する線維があり，これにより両耳間の相互作用が生じ，両耳聴や音源方向の認知も可能となる。聴覚路は嗅覚や視覚など他の感覚路に比べて介在するニューロンの数が多い。これらの求心性線

ニューロン
neuron
情報処理と情報伝達を行う神経系を構成する細胞のこと。

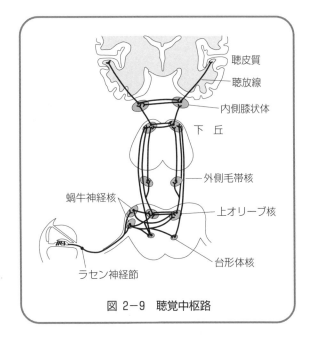

図 2-9 聴覚中枢路

コラム　補充（レクルートメント（recruitment））現象

　内有毛細胞に比べて外有毛細胞の易傷害性が強く，先に損傷される。外有毛細胞が消失し，内有毛細胞が残っていると，小さな音では聞こえないが，音がある一定以上の強さになると急に正常音と同じくらいの音の大きさに聞こえるという現象のこと。内耳障害の特徴的指標である。

維は最も鋭敏に応答する周波数が定まっており，これをその神経線維の特徴周波数（characteristic frequency）という。そして，上位ニューロンになるに従って特徴周波数の範囲が狭くなる。このようにして複数のニューロンを通過する間に音情報は解析され，大きさや高さなど音の基本的情報処理は終了しており，一次聴覚領において〈音がする〉という意識がもたらされる。しかし，言語音のような複雑な音声のつながりを理解するためには，さらに大脳皮質の二次聴覚領（ウェルニッケ野）の活動が必要である。

2）前庭（耳石器）

平衡器は身体に加わる加速度の受容器で，前庭と半規管からなる。前庭は直線加速度を感受する。蝸牛後方にある二つの嚢状の膜迷路組織で，前方の球形嚢と後上方の卵形嚢が直行する形で存在する。球形嚢の一端は結合管となって蝸牛管に通じ，他端は卵形嚢からの小管と結合して内リンパ管（前庭水管）をつくり硬膜内の内リンパ嚢に達している。卵形嚢の後端はそのまま細くなって半規管と交通している。

前庭の内部には感覚上皮の集まりである平衡斑がある（図2－10）。平衡斑の感覚細胞からは感覚毛が出ており，その上にゼラチン様物質からなる耳石膜がかぶさっている。耳石膜上には炭酸カルシウムの結晶である多数の耳石がのっており，その重みが刺激の受容に役立っている。立位の状態で球形嚢は垂直に，卵形嚢では水平に位置し，それぞれの平面における重力や直線加速度を感受する。

3）半規管（三半規管）

卵形嚢の後方に続くリング状の器官で，外側半規管，前（上）半規管，後半規管からなる。これら三つの半規管は互いに直交し，それぞれの平面における回転加速度を感受する。前半規管と後半規管は垂直半規管ともいわれ，矢状面に対してそれぞれ45°の角度をなす。外側半規管は**ドイツ水平線**から後方に30°傾いている（図2－11）。

半規管の卵形嚢に近い部分は球状に拡大し膨大部となっている。ここに回転刺激の受容器である膨大部稜が存在する。膨大部稜における感覚細胞の感覚毛はきわめて長く，内リンパ腔を横切って対壁に接している。この延長した感覚毛はゼラチン様物質で固められクプラを形成している。クプラは半規管を遮断しているため内リンパの流れに応じて容易に動き，感覚毛を偏位させ，神経興奮をきたす。

卵形嚢，球形嚢および半規管の膨大部の感覚細胞からの情報は，一次ニューロンである前庭神経が蝸牛神経といっしょに内耳道を通って脳内に入り，大部分は前庭神経核に入る。前庭神経核は内側核，外側核，上核および下核の4部からなる。この核から出る二次ニューロンは，反射的に平衡を保つために運動に関する部位に線維を送る。外側核から出た線維は，脊髄の前角細胞に達する。

ドイツ水平線
外耳道上縁と眼窩下縁を結ぶ線。レントゲン写真など画像診断の基準となる。

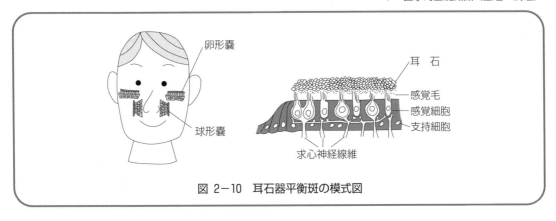

図 2-10　耳石器平衡斑の模式図

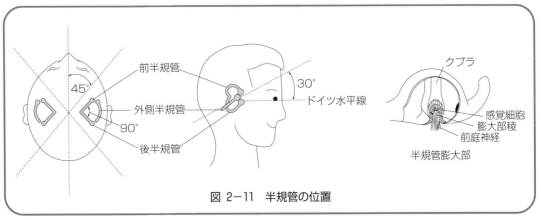

図 2-11　半規管の位置

また，内側核から出たものは，眼球運動に関与する動眼神経核，滑車神経核および外転神経核などと関係する。その他，舌咽神経核，迷走神経核と関係したり，小脳に至るものや網様体を経て中枢神経と連絡するものなどがある（図2-12）。これらの前庭中枢路は，聴覚路のように直接大脳に投射しておらず，平衡機能は感覚器として意識されるものではなく，反射の受容器としての性格が強い。平衡機能が破綻し，自律神経症状として吐き気やめまいなどが起こり，初めて意識されることになる。

聴覚と比較しての平衡覚の特徴としては，末梢からの入力情報は主と

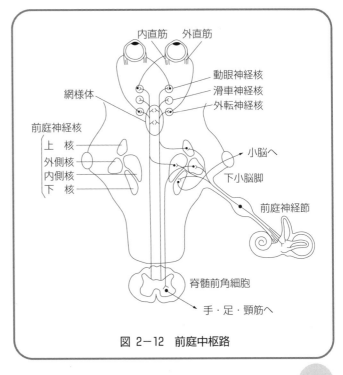

図 2-12　前庭中枢路

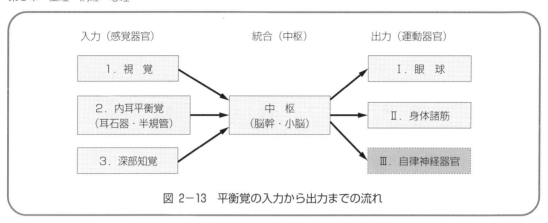

図 2−13　平衡覚の入力から出力までの流れ

して前庭からであるが，そのほかにも視覚や四肢骨格筋に存在する筋紡錘からの深部知覚も関係している。聴覚の入力系は内耳のみであり，代償機転がないのに比して，平衡覚についてはたとえ両内耳が障害されたとしても視覚や深部知覚からの情報によって代償が可能である（図2−13）。

　両側先天性難聴児は出生時には難聴とともに初歩が遅いなどの平衡障害があるが，やがて代償によって内耳障害のない児と同等の平衡機能を獲得することができる。

2　難聴の病因

　難聴（hearing loss）とは自覚的または他覚的な聴力の低下のことをいう。片耳だけ難聴（一側性難聴）のある場合も，両耳に難聴（両側性難聴）がある場合もある。

　人の場合には「音そのものが聞き取りにくい」場合と，「音は聞こえるがことばが理解しにくい」場合があり，いずれも難聴である。通常は音の聞き取りにくさに応じてことばの理解も悪くなるが，場合によってはそのどちらかが特に強く障害されていることもある。

　難聴は外耳から側頭葉の聴覚野までさまざまな部分の異常で起こる（表2−2）。しかし圧倒的に多いのは耳の異常であり，聴覚伝導路や側頭葉の障害による難聴は限られている。

　難聴は障害部位によって，まず大きく伝音難聴（conductive hearing loss）と感音難聴（sensori-neural hearing loss）に分類される。この両者が混じって出現することもあり，これは混合難聴（mixed hearing loss）と呼ばれる。感音難聴はさらに内耳性難聴と後迷路性難聴に分けられ，後者は蝸牛神経性難聴と中枢性難聴に分けられる。中枢性難聴には障害部位により脳幹性難聴，皮質性難聴がある（図2−14）。

後迷路性難聴
内耳は形が複雑なことから迷路とも呼ばれる。内耳よりも中枢という意味で後迷路性という。

表 2-2　難聴をきたす主な疾患

1．外耳疾患	外耳道閉鎖症		3．内耳疾患	変　性	老人性難聴
	耳垢栓塞			音響性	音響外傷
2．中耳疾患	中耳炎	滲出性中耳炎		感染症	内耳炎（ウイルス，細菌）
		急性（化膿性）中耳炎		中　毒	耳毒性薬剤
		慢性中耳炎		その他	メニエル病
		真珠腫性中耳炎			突発性難聴
	外　傷	鼓膜穿孔			自己免疫疾患
		耳小骨障害	4．聴神経疾患	聴神経腫瘍	
	耳硬化症			外　傷	側頭骨骨折
	中耳奇形（耳小骨奇形）		5．脳幹・大脳皮質疾患	腫　瘍	
3．内耳疾患	遺伝性難聴			血管障害	
	奇　形			頭部外傷	
	外　傷	側頭骨骨折・内耳振盪症		炎　症	髄膜炎
		外リンパ瘻			

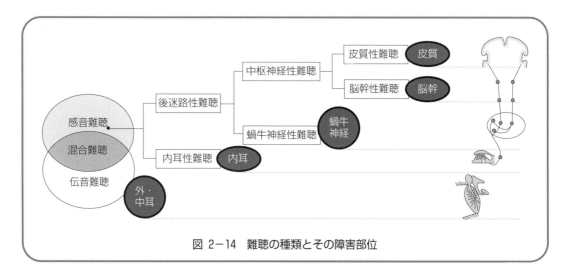

図 2-14　難聴の種類とその障害部位

　伝音難聴，感音難聴，混合難聴の鑑別は**標準純音聴力検査**の気導聴力閾値と骨導聴力閾値によりなされる。感音難聴をさらに鑑別するためには，他の種々の聴覚機能検査が必要である。

標準純音聴力検査
p. 27参照。

コラム　「難聴」と「聴覚障害」の使い分け

　「難聴」は主として聴覚が不十分であるという生理学的な機能不全を表すのに対して，「聴覚障害」は難聴によって生じるさまざまな不自由，不便，日常生活上の問題を表す用語である。しかし，現状ではそこまで厳密に区別することなく同義的に用いられている。

（1）伝音難聴

気導聴力
外耳孔から中耳を経て
内耳に振動が伝わる
音。ほとんどの音は気
導聴力。

骨導聴力
頭蓋骨から直に内耳に
振動が伝わる音。例え
ば，歯をかみ合わせる
音。

　気導聴力は低下しているが，骨導聴力は正常である。外耳道，鼓膜または中耳の障害で生じる。内耳，中枢は正常なので音の分析統合機構には障害がなく，聴覚の歪みは起こらないため，入力音を大きくすれば，言語音を正確に受け取る能力は障害されない。伝音難聴単独であれば聴力は60dB より悪化することはない。また手術などの治療により聴力が改善する可能性がある。たとえ治療で改善しなかったとしても，補聴器によることばの聞き取り改善効果が高い。

（2）感音難聴

　気導聴力，骨導聴力ともに同程度の低下がみられる。内耳もしくはそれより中枢の障害で起こる。音の分析統合機構に障害があるため，音そのものが聞こえないうえにことばの聞き取り能力が悪化する。感音難聴者の典型的な訴えは「音は聞こえるが，何と言っているかわからない」である。感音難聴の細分類は種々の検査より総合的に判断する。感音難聴の特徴として，60dB を超える高度の難聴をきたすことがある。治療によって聴力の改善する疾病は限られている。補聴器によることばの聞き取りの改善効果が伝音難聴に比して少ない。

1）内耳性難聴

　外有毛細胞が障害され内有毛細胞が残っている場合には補充（レクルートメント）現象が出現し，内耳性難聴の特徴とされている。基底回転は解剖学的，生理学的に障害を受けやすいために，内耳性難聴は高音域から始まることが多い。病変が進み障害が蝸牛全体に及ぶと水平型となるのが一般的である。

2）後迷路性難聴

　通常のことばの聴取に比して，冗長度の少ないいわゆるひずんだ音によることばの聴取能力の著しい低下が特徴である。さらに蝸牛神経性難聴と中枢性難聴に分けられるが，種々の聴覚機能検査を行うことで，蝸牛神経の障害と聴覚伝導路の交叉前，交叉後，そして皮質のそれぞれの部位の障害を鑑別する。

（3）混合難聴

　骨導聴力を上回る気導聴力の低下がみられる。内耳もしくはそれより中枢の障害に，外耳・中耳の障害が重なったものである。気導聴力と骨導聴力の差を気骨導差（Air-Bone gap, AB gap）と呼ぶ。気導，骨導それぞれの障害の混合の程度により，種々の型の聴力型を示す。

演習課題
1．聴覚と平衡覚の相違点についてまとめてみよう。
2．内耳の内有毛細胞と外有毛細胞の働きについて考えてみよう。
3．感音難聴と伝音難聴をきたす部位と症状の違いを検討してみよう。

❷　聴覚検査

1　新生児聴覚スクリーニング検査とその後の精査

　難聴は目に見えない障害であるため，難聴児者の周囲の音が聞こえないそぶりや他者とのコミュニケーションの様子，また補聴器や人工内耳をしていることでその人が難聴児者であることに私たちは気づく。しかし，新生児や乳児に関しては，この児が難聴かどうかは見た目では判断できない。両側の耳が中等度以上の先天性難聴児は1,000人に１人という高い頻度で生まれてくるが，その多くは見た目には判断ができない（奇形を伴わない）。難聴のみが症状であり，乳児期には一見問題もなく元気に育っているようにみえる。新生児聴覚スクリーニング検査が始まる以前には，幼児期に至ってもことばが出ないことで初めて難聴の存在が疑われることが多く，言語発達の遅れを取り戻すことが困難な難聴児が少なくなかった。

　難聴を早期に発見し専門的な療育・教育を早期に開始すること，すなわち補聴器などの装用を早期から行い，聞いたり話したりすることを練習することで聴覚音声言語の獲得を促し，言語発達の遅れを最小限にすることが可能である。また，手話などのコミュニケーション手段を選択する場合にも，早期から専門的な教育を受けることで，他者とのコミュニケーションがスムーズになる。このため，難聴の早期発見は難聴児医療・教育にかかわる者の悲願であった。

　日本では，厚生労働省がモデル事業として2000年より手上げ方式で開始した新生児聴覚スクリーニング事業によって，出生早期の先天性難聴の発見が可能となった。生まれて間もない時期に自動**聴性脳幹反応**（ABR）（図2−15），もし

聴性脳幹反応
p. 31参照。

ネイタスアルゴ３ｉ　　　　　　MB-11 ベラフォン
（アトムスメディカル株式会社）　（ダイアテックカンパニー）

図 2−15　自動 ABR　機器による形状の違い

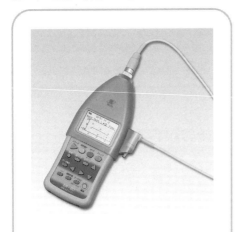

図 2−16　OAE スクリーナー
ER-60（リオン株式会社）

くは**耳音響放射**（OAE）（図2−16）の検査を，機器を用いて行う。自動 ABR は音刺激によって聴覚神経系の脳幹部での興奮電位を頭皮上で測定して得られる ABR 測定を自動的に行う機械で，ささやき声程度の 35dB の音刺激にて反応があったかどうかを判定する。静かな部屋で行い，筋電位が混入しないように睡眠下に行うことが望ましい。また，OAE は外部からの音に対して耳内から音が返ってくる反射を加算処理して得られる波形をもとに自動的に判定する機器で，覚醒していても泣いていなければ測定が可能である。二つの検査機器ともに一人あたりの検査時間は 5 〜10分間と短時間で，痛みなどの副反応を伴わない検査である。検査結果は機器が自動判定を行い，音刺激に対して反応が得られると反応あり（pass：パス），得られない場合には要再検（refer：リファー）と表示される。ただし，新生児の耳内には胎脂や羊水がたまっていたりすることで検査結果が左右されることもあるため，要再検が出た場合には，退院前の数日以内の再検査が望ましい。また，スクリーニング検査機関で生後 1 か月健診などでの再検査を行うことでさらに要再検の数が減るが，スクリーニング検査は生後 1 か月以内に完了することが推奨される。自動 ABR に比べて OAE では**偽陽性**が多く，正常児を多く取り込む問題がある。

　要再検が続いて出る児に関しては，難聴の疑いがあるため必ず耳鼻咽喉科にて精査を受けることをスクリーニング検査機関が勧め，精査機関への紹介を行う。精査機関では，耳内の観察や，ABR や**聴性定常反応**（ASSR）といった**他覚的聴力検査**で左右別に聴覚閾値の測定を行うとともに，聴性行動反応聴力検査（behavior observation audiometry：BOA），条件詮索反射聴力検査（conditioned orientation response audiometry：COR）で成長に合わせた音への反応がみられるかを個別に判断する必要がある。これらの乳幼児の聴力を正しく推定するには，熟練した言語聴覚士（ST）などが乳幼児聴力検査を行うことが重要である。実際には国内で新生児聴覚スクリーニング検査にて難聴が疑われて，全国の精密聴力検査施設を受診する児が 1 年間に約4,000人（国内出生数の約0.4%）おり，このうち約1,000人（国内出生数の約0.1%）に両耳難聴が発見される。また，ほぼ同数の約1,000人が片耳難聴と診断される（日本耳鼻咽喉科学会，2016）。

耳音響放射
p. 32参照。

偽陽性
検査で要再検と出たが実際には難聴がない。

聴性定常反応
p. 32参照。

他覚的聴力検査
p. 31参照。

2 標準純音聴力検査

標準純音聴力検査は，難聴の有無や程度，障害部位を知るために必要な基本的な検査である。また，身体障害者福祉法において身体障害者手帳の交付を受けるためにも必要な検査であり，法的な基準となっている。

標準純音聴力検査は，オージオメータ（図2-17）を用いて行う。標準純音聴力検査には二つの検査方法があり，ひとつ目はヘッドバンドを耳介にあて，音がどの程度の大きさで聞こえるのかを測る気導聴力検査である。二つ目は耳介の後にある骨（側頭骨）に端子をあて，音の振動を直接内耳に伝えて測定する骨導聴力検査である。この二つは音がどの程度小さい音で聞こえるか（最小可聴閾値）を求めるものである。

（1）気導聴力検査

125, 250, 500, 1,000, 2,000, 4,000, 8,000Hz の七つの周波数の検査を行う。気導聴力検査では，それぞれの周波数で気導受話器から出た音が外耳道，鼓膜，中耳（耳小骨），内耳，聴神経を経て上向した音の最小可聴閾値を求める。

方法は，聞こえがよいと思われる耳から始め，検査音が聞こえたら応答ボタンを押す，手をあげるなどの応答を求める。検査を行う周波数の順序は，1,000Hz→2,000Hz→4,000Hz→8,000Hz→1,000Hz→500Hz→250Hz→125Hz で行う。

その結果を聴力図（オージオグラム，

図 2-17　オージオメータの基本的な構成

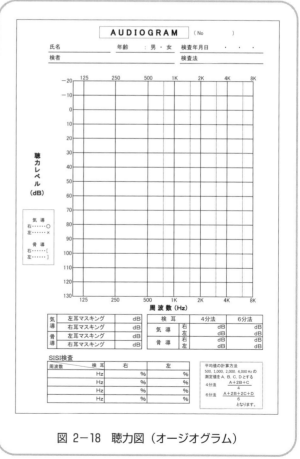

図 2-18　聴力図（オージオグラム）

図2-18）に記入する。右耳は○印，左耳は×印で記載する。最大音圧でも反応がないときはスケールアウトといい，この場合は"↘"（斜め下矢印）を記入する。なお，両耳の気導聴力の閾値が40dB以上あると考えられる場合には，**マスキング**を行う必要がある。

マスキング
両耳の聞こえに差がある場合，聞こえが悪い耳にある程度大きな音を聞かせると，反対側の聞こえがよい耳に音が伝えられ反応してしまい，正確な結果が得られないことがある。そのため，両耳の結果に差がある場合は，検査をしない耳に雑音（ノイズ）を負荷して，反対側に出している音が聞こえないようにする必要があり，このことをマスキング（遮蔽）という。

（2）骨導聴力検査

　250，500，1,000，2,000，4,000Hzの五つの周波数の検査を行う。骨導聴力検査での音は，外耳，中耳を経ずに直接，骨（側頭骨）から内耳，聴神経と上向して中枢に達した音の最小可聴閾値を求める。

　方法は，気導聴力検査と同じで，骨導受話器から音が聞こえたら応答するように求める。異なる点は，提示する周波数が1,000Hz→2,000Hz→4,000Hz→1,000Hz→500Hz→250Hzの順序で行うこと，マスキングは左右の聞こえの差にかかわらず原則として必ず必要なことである。

　それぞれの周波数で，最小可聴閾値を求め，オージオグラムに記入する。右耳は，"["（右が開いたカッコ），左耳は，"]"（左が開いたカッコ）を記載する。最大音圧でも反応のない場合は"↘"（斜め下矢印）を記載する。

（3）オージオグラムの見方

　オージオグラムの横軸は，周波数（Hz），縦軸は音の大きさ（dB）であり，聴力の問題の有無，聴力の問題がある場合は聴力障害の程度（軽度，中等度，重度）と聴力障害の型（低音障害，高音障害，水平型など）が判断できる。また，気導聴力検査と骨導聴力検査の関係から，難聴の性質（伝音難聴，感音難聴，混合難聴）を知ることができる。

　つまり，気骨導差があり，骨導閾値が正常であれば伝音性の障害と判定され，気導閾値と骨導閾値の差がなく両方ともに低下している場合は感音難聴，気骨導差があるが骨導閾値も低下している場合は混合難聴と判断される。

　なお，オージオグラムにおける0dBは，成人の正常耳が聞こえる最も小さな音（最小可聴閾値）に相当するレベルに定められている。平均聴力レベルの計算は，**四分法**で行われている。

四分法
p. 5参照。

3　乳幼児聴力検査

乳幼児の場合，大人のように検査を行うことが難しいため，年齢や発達段階に応じて聴力検査機器や検査方法を変える必要がある。乳幼児に行う聴力検査については，主として以下のようなものがある（表2-3，ABR，ASSR については次項で説明する）。

（1）聴性行動反応聴力検査（behavioral observation audiometry：BOA）

音に対する聴性行動反応を観察する聴力検査である。聴性行動（図2-19）は，モロー反射，眼瞼反射，驚愕反応，探索反応，定位反応などの行動を観察する。検査は，検査を行う者と，子どもの反応を観察する者の2名で行うことが望ましい。

検査方法は，さまざまな音の出る玩具（太鼓や鈴などの楽器など）や，携帯用

モロー反射
突然の音にビクッとする反応。

眼瞼反射
眼瞼がギュッと閉じる反応。

驚愕反応
音を聞いて行動を止める，泣くなどの情緒的反応。

探索反応
音のほうを向く，探す，目を動かすなどの反応。

定位反応
新しい刺激に注意を向ける反応。左右の音源へ顔を向ける反応。

表 2-3　乳幼児に行う聴力検査

検査方法	ABR	ASSR	BOA	COR	ピープショウテスト	遊戯聴力検査
適応年齢	0歳～	0歳～	乳幼児のあらゆる年齢	6か月以上	3歳以上	3歳以上
難聴の有無	○	○	○	○	○	○
難聴の程度	○	○		○	○	○
聴力型		○		○	○	○
左右別聴力	○	○			○	○
周波数別閾値		○			○	○
気骨導差		○				○

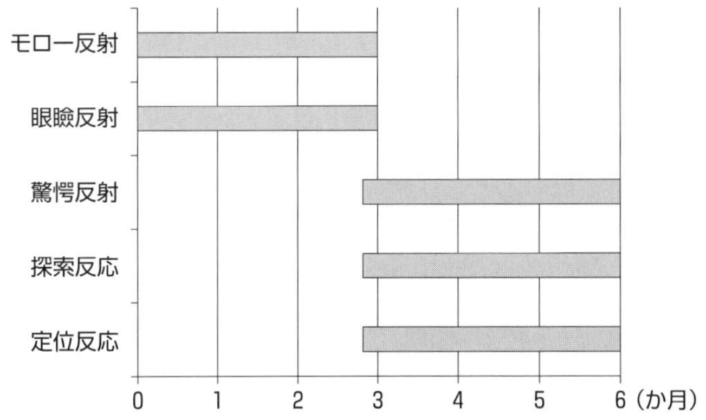

図 2-19　乳児の聴性行動

新生児オージオメータを用いて行う。母親の膝の上や，床で遊ばせながら，子どもの後方または側方から音を出し，音に対する子どもの反応を観察する。子どもが熱中しすぎたり，別のものに気を取られてしまうと反応が得られないことがあるため，検査の音は連続して提示せず，タイミングをみながら行う必要がある。

　適応は，乳幼児のあらゆる年齢に使用でき，月齢に応じて反応閾値や聴性行動の発達を理解したうえで評価を行う必要がある。BOA は，大まかな聞こえの程度を知ることができるが，左右別の聞こえは測定できない。

（2）条件詮索反応聴力検査（conditioned orientation response audiometry：COR）

　音に対する探索反応や，定位反応を利用した検査である。

　検査方法は，子どもの左右前方に子どもが喜ぶような玩具や人形など置き，音に対する探索反応や振り向き反応を用いて行う。子どもが十分聞こえると思われる音をスピーカーから出して，同時にまたは少し遅らせて同側の光源をもった人形などを光らせる。この方法を何度か同じ手順で繰り返すことにより，子どもが音だけで振り向くよう条件づけを行う。条件づけができたら，音の強さを変えて小さい音でも反応がみられるかを観察する。

　何度か検査を繰り返すと，反対側への偶然の振り向きや，次の音刺激を予測しての振り向きがみられることがあるため，音刺激は，左右不規則に，時間間隔も変えながら行う必要がある。

　適応は，一般に6か月以上であり，ピープショウテストや遊戯聴力検査が可能な年齢までである。左右別の聞こえの測定はできない。また，発達レベルが上がってくると探索反応や定位反応が得られにくくなることがある。

　海外では，視覚強化聴力検査（visual inforcement audiometry：VRA）が行われている。COR は左右に設置した二つのスピーカを使用して音源を定位させるのに対し，VRA では一方の側方のみにひとつのスピーカを設置し検査を行う。この検査はインサートイヤホンを使用し左右別に聴力を測定したり，骨導端子を用いて骨導聴力が測定できる。適応は4～24か月ごろである。

（3）ピープショウテスト（peep show test）

　ピープショウとは「のぞき窓」という意味である。検査方法は，子どもの正面に照明がついたときのみ中が見える窓があり，音が出ているときに応答ボタンを押すと窓の内部を見ることができるということに由来している。そのほかに，ボタンを押すとレール上を列車が走るなど，子どもが興味をもち，喜ぶようなさまざまな報酬がある。音が聞こえたらボタンを押し，聞こえないときには押さないという応答方法を理解させ，条件づけを行う。スピーカを使った両

耳での検査のほかに，レシーバ（受話器）で片耳ずつ検査することも可能である。

　検査を行う場合は，音刺激を与えるタイミングはランダムにし，機器の操作や表情などの視覚的な手掛かりを与えないようにすること，子どもがボタンを勝手に押し続けないように，音がないときにはボタンを押さないということを理解させる必要がある。適応は，一般的に3歳以上である。

（4）遊戯聴力検査（play audiometory）

　おはじき，サイコロ，ペグさしなどを使って，音が聞こえたら玩具のひとつを移動させて行う検査である。玩具は子どもの興味が持続するものを選ぶ。

　検査方法は，純音聴力検査と同じであるが，子どもが検査へ集中し続けることができるように，正しく応答できたら褒め，誤ったら再度モデルを見せながら教示を行うことが重要である。子どもが飽きた様子のときには，玩具の種類を変えたり，休憩を入れたりして気分転換を図るようにする。適応は，3歳以上である。

鎮静剤
乳幼児は検査中の安静が保てないため，特に聴性誘発反応においては，医師の処方によりシロップや座薬などの入眠剤を用い，事前に眠らせて検査を実施することが多い。

4　他覚的聴力検査

　他覚的聴力検査は，被検者による意識的な応答がなくても行える検査である。乳幼児では，安静を確保するために**鎮静剤**を投与して実施することも多い。

　臨床でよく行われるものとしては，聴性誘発反応（AER）のABRやASSR，耳音響放射（OAE），音響性耳小骨筋反射などがあげられる。聴力は，ひとつの検査のみで判断するのではなく，自覚的聴力検査も含めた諸々の検査結果・所見から総合的に考える必要がある。

イヤプローブ

（1）聴性誘発反応（auditory evoked response：AER）検査

　頭部に電極を装着し，ヘッドホンや外耳道に挿入した**イヤプローブ**から検査音を聞かせ，音刺激によって生じる微細な電気的反応を特殊な方法で観察・記録し，難聴の有無や程度を判定する検査である。特にABRが最も広く用いられており，ASSRも近年導入が進んでいる。聴覚路の神経機能は出生時には未完成で，乳児期に反応が不良であっても改善する例もあるため，異常がみられても半年程度期間を空けて再検査する必要がある。

1）聴性脳幹反応（auditory brainstem response：ABR）検査

　音に誘発される蝸牛神経・脳幹由来の脳波を測定する。2,000〜4,000Hz付近の聴力を推定できる**クリック音**が用いられることが多い。音刺激を与えると5〜7個の上向きのピーク波形が現れ，Ⅰ波は蝸牛神経，Ⅱ波は蝸牛神経核，Ⅲ波は上オリーブ核，Ⅳ波は外側毛帯核，Ⅴ波は下丘に対応している（図2−20）。

クリック音
ABR刺激音にはクリック音，トーンバースト，トーンピップなどの種類がある。トーンバーストやトーンピップよりも，音響波形の立ち上がりが急峻で刺激開始時点が明確なクリック音を用いたほうが弁別しやすいABR波形が得られる。トーンバーストなどの周波数特異性が高い刺激音は，クリック音に比較して明瞭なABR波形が得られにくい。

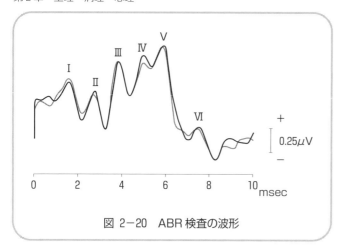

図 2-20　ABR 検査の波形

音刺激から I ～ V 波の現れる時間が遅れたり，波形が出現しなかったりすることで，どこに異常があるのかがわかる。これらの波形のうち，最も安定性があり，閾値が低い V 波が閾値測定の指標として用いられる。

　ABR は睡眠や意識レベルの影響を受けにくく，安定性・再現性に優れる。よって乳幼児だけでなく，成人の詐聴などの機能性難聴の確定診断のためにも用いられる。しかし，クリック音での ABR 検査のみでは低周波数域の難聴を検出できないので注意が必要である。

　自動 ABR は ABR を新生児聴覚スクリーニング検査に利用できるよう，波形の有無を自動判定できるようにしたものである。

2）聴性定常反応（auditory steady-state response：ASSR）検査

　話しことばの聞き取りに必要な周波数（500，1,000，2,000，4,000Hz）について周波数ごとの閾値が測定可能である。骨導閾値を測定できる機器もある。小児難聴で補聴器をフィッティングする場合や，発達障害があり遊戯聴力検査ができない場合などに有用である。原則として乳幼児に対しては**鎮静剤**を用い，睡眠状態で実施する。推定聴力レベルは ASSR 閾値より一般に10dB 程度小さく見積もられる。検査には時間がかかるため，1回の鎮静でほかの検査を実施できないことも少なくない。

鎮静剤
自閉スペクトラム症（ASD）や注意欠如・多動症（ADHD）傾向のあるケースでは，鎮静剤の服用自体が困難だったり，入眠までの所要時間が長い。

（2）耳音響放射（otoacoustic emission：OAE）検査

　蝸牛の外有毛細胞は刺激音に合わせて高頻度に収縮・伸長運動をする。このときの振動が中耳を経て外耳へと放射され，OAE として検出される。電極貼付は不要で，10秒間程度外耳にイヤプローブを挿入すると，装置に自動的に反応が記録される。

　OAE が検出できない場合，外有毛細胞の機能障害など内耳に何らかの障害があることが推測できる。聴力障害の原因の多くは中耳や蝸牛の障害であるため，OAE 検査の結果は聴覚の良否の推定に活用できる。

　後迷路性難聴で蝸牛神経より中枢に障害があっても内耳に障害がない場合，難聴が高度であっても OAE は正常に検出される。よって難聴が中等度～高度であっても OAE が検出されるときには後迷路性難聴が疑われる。なお，中耳炎や耳垢などがあると正確な反応が検出できない。

（3）音響性耳小骨筋反射検査

　耳小骨筋は強大音が入った際に，反射的に収縮することによって内耳有毛細胞の障害を予防する働きがある。イヤプローブから検査音を出し，耳小骨筋の収縮を**コンプライアンス**の変化で記録する。反対側音刺激（イヤプローブの反対側から刺激音を与える）と同側音刺激（イヤプローブ内から刺激を与える）がある。周波数・年齢・音刺激の方法により異なるが，正常耳での反射閾値は60〜90dBと幅広く，検査的意義は限られている。

コンプライアンス
鼓膜や耳小骨の音に対する動きやすさを示す数値。

5　医学的診断・評価

　難聴は児のライフステージによって原因となる疾患頻度に違いがある。新生児期には，新生児聴覚スクリーニング検査で先天性難聴がみつかるほかに，生まれながらにほかの症状を併せもつことから難聴が推定され，精査する場合もある。例えばワールデンブルグ症候群（Waardenburg syndrome）は虹彩の色が青く白髪と難聴を併せもち，トリチャーコリンズ症候群（Treacher Collins syndrome）では頬骨と下顎骨の形成不全，外耳奇形などの特異的顔貌と難聴を合併する。また，母胎のサイトメガロウイルス感染症や風疹感染により児に難聴を含むさまざまな症状をきたすことや，極低出生体重児，重度の新生児黄疸なども難聴のハイリスクであることが知られている。

　難聴が疑われる児には他覚的聴力検査や乳幼児聴力検査で聴力を推定するほかに，難聴が診断されれば側頭骨CTで中内耳の奇形の有無をチェックし，頭蓋内MRIで精査を行う。また，先天性難聴児には難聴の家族歴がなくても遺伝性難聴が多く含まれていることが解明されつつあり，その中の一部は遺伝子検査にて診断が可能である。いずれの難聴も両側性であれば，早期の補聴器装用を勧め，専門的な療育・教育が受けられるように支援を行うことが重要である。

　幼児期になると，滲出性中耳炎による伝音難聴の占める割合が増加する。滲出性中耳炎は，急性中耳炎が完治せず，中耳に液体が貯留した状態で，軽度から中等度の伝音難聴をきたすが，幼児の場合は耳の痛みなどの自覚症状や他覚症状に乏しいことから，周囲の保護者や保育者に気づかれず見逃されていることが少なくない。1歳6か月児健康診査や3歳児健康診査などで「児の後ろから名前を呼んでも気づかない」「ことばの増えが悪い」などの難聴を疑わせる症状から行われる耳鼻咽喉科精査の際にみつかることもある。こういった滲出性中耳炎で難聴をきたしている状態が遷延すると言語発達にも影響を及ぼすため，貯留液を排出する鼓膜切開などの治療を勧める。

　幼児期は言語発達が顕著な時期であるが，難聴児はまだ自分から聞こえにくさを訴えることはなく，「ことばが出ない」「ことばが増えない」「しゃべって

いたことばを発しなくなった」などの言語発達の遅れの症状から難聴がみつかることも多いので，保護者は児のことばの発達に注意が必要である。またこの時期，自閉スペクトラム症（ASD）などにみられるコミュニケーションに障害がある児では，言語発達の遅れが顕在化し難聴児と同じような症状として現れるので，言語発達遅滞を認めればまず聴力検査で難聴の除外診断を行うことが必要である。

語音聴力検査
「あ」「か」といった語音を使い，どの程度の音の大きさだと何％正しく聞こえるのかを調べる検査。

就学前後の年齢では，左右別々に成人と同様の標準純音聴力検査や**語音聴力検査**ができるようになり，難聴の詳細な評価が可能になる。この時期に難聴がある場合は，日々の生活や種々の知識の習得に重大な支障をきたすが，まだ児本人からは聞こえにくさの訴えはないことが多い。就学時健診では，ヘッドホンを用いて左右別々に聴力検査が初めて行われるため，発症時期がはっきりしない遅発性難聴や一側性難聴がみつかることが少なくない。遅発性難聴の中には前庭水管拡大症といった進行するタイプや，先天性サイトメガロウイルス感染症によるものもあるので，その後の難聴の進行に注意が必要である。また，新生児聴覚スクリーニング検査で両側パスしていて，就学時健診に至ってみつかる一側性難聴の多くはムンプス難聴と考えられている。

ムンプス難聴は流行性耳下腺炎（おたふく風邪）の原因であるムンプスウイルスによる合併症で，感染者の1,000人に1人の割合で引き起こされる。その特徴として一側性ではあるが高度難聴をきたし，いったん難聴が発症したら有効な治療がないため，感染を予防することが現在唯一の対策である。しかし，流行性耳下腺炎では耳下腺が腫れる前からムンプスウイルスは唾液内に排出されており，他者への感染性をもつため，家族内や保育施設などの集団生活では発症した児を隔離することでは十分な感染防止対策にはならない。しかも幼児では耳下腺の腫れなどの症状をきたさない不顕性感染があり，知らないうちに流行性耳下腺炎になっていたということが十分あり得る。そこで，感染予防のためにはムンプスワクチンの予防接種が重要となる。現在のところ1歳以降でムンプスワクチンの2回接種が推奨されているが，費用は自己負担の任意接種であるため，集団感染防止に十分な接種率まで至っていないことから，今なお日本では集団感染がみられている。

就学後は学校健診において聴力検査が定期的に実施されている。学習に支障をきたす可能性がある難聴に対しては，必要に応じて補聴器装用や学習環境の調整などを考慮する。また，心因性難聴が多いのも特徴である。標準純音聴力検査で感音難聴だが，検査のたびに聴力レベルに変動があり，他覚的聴力検査では正常である。児が聞こえにくいと訴える割には，普段の会話では比較的苦労なく会話ができる。男女比は女児に多く，ストレスを誘因として発症することもあるが，原因がはっきりしないことも多い。心因性難聴児に対する対応としてストレスが誘因と考えられる児には心理療法を勧めることがあるが，発達

障害の一部として聴覚認知の乏しい児が騒音環境である学習環境の中で聞こえにくさを訴えて聞き取りにくいという症状が出ている場合もあり，標準純音聴力検査に加えて騒音下も含めた語音聴力検査を行ったり，言語評価を行い言語発達に問題がないかにも注意することが必要である。

演習課題

1．気導聴力検査と骨導聴力検査の二つの方法をなぜ実施するのか考えてみよう。
2．年齢ごとの難聴をきたす疾患をまとめてみよう。
3．年齢ごとの聴力検査の使い分けを検討してみよう。

参考文献

[1]・加我君孝：新生児・幼少児の音響放射と ABR−新生児聴覚スクリーニング，精密聴力検査，小児聴力医学，小児神経学への応用，診断と治療社，2012．
　・日本耳鼻咽喉科学会：新生児聴覚スクリーニングマニュアル−産科・小児科・耳鼻咽喉科医師，助産師・看護師の皆様へ−，2016．
[2]・中野雄一：言語聴覚士のための講義ノート「成人聴覚障害」，考古堂書店，2009．
　・日本聴覚医学会編：聴覚検査の実際　改訂第4版，南山堂，2017．
[3]・日本聴覚医学会編：聴覚検査の実際　改訂第4版，南山堂，2017．
[4]・日本聴覚医学会編：聴覚検査の実際　改訂第4版，南山堂，2017．

③ 医学的・心理学的介入

1 補聴器

（1）補聴器とは

補聴器（hearing aid）とは，聴覚障害児者の聞き取りを補助する**管理医療機器**である。補聴器の装用で正常な聴力が得られることはないが，難聴の症状や程度，使用場面に合った補聴器を選び，正しく使うことで，日常生活が送りやすくなったり，学習活動が向上したりする。

言語獲得後の大人の場合，日常の会話に聞き取りにくさを感じたり，重要な会話が正しく聞けないと感じたころが，補聴器の装用開始の時期であるとされている。言語習得中，あるいは学習環境にある子どもでは，軽度難聴でも早期より補聴器の装用が勧められる。聴力の程度にかかわらず左右の耳の聴力に差がない難聴児には，補聴器は**両耳装用**をすることが望ましいと考えられている。

補聴器の装用は，聴覚障害と補聴器の両方を熟知した耳鼻咽喉科医の診断を受け，標準純音聴力検査や語音聴力検査の結果と，日常生活場面での音や音声の聞こえ方なども含め，総合的に判断して行われる。

（2）補聴器の構造と機能

補聴器は，入ってきた音を電気信号に変換する「マイク（マイクロホン）」，電気信号を増幅する「アンプ」，増幅された電気信号を再び音に変換する「レ

表 2-4　難聴の程度分類と補聴器の適応

難聴の程度	平均聴力レベル	補聴器の適応について
軽度難聴 mild hearing loss (impairment)	25dB 以上 40dB 未満	会議などでの聞き取り改善目的では，補聴器の適応となることもある。
中等度難聴 moderate hearing loss (impairment)	40dB 以上 70dB 未満	補聴器の良い適応となる。
高度難聴 severe hearing loss (impairment)	70dB 以上 90dB 未満	聞こえても聞き取りには限界がある。
重度難聴 profound hearing loss (impairment)	90dB 以上	人工内耳の装用が考慮される。

出典）日本聴覚医学会：難聴対策委員会，2014.

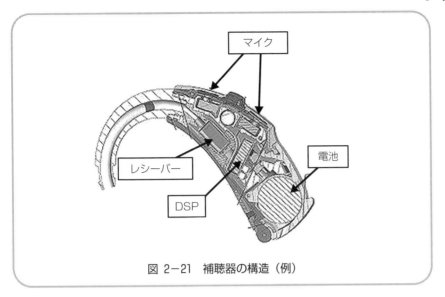

図 2-21　補聴器の構造（例）

アナログ補聴器
マイクから入った音を
アナログ信号のまま増
幅処理する補聴器。雑
音もいっしょに増幅す
る等の弱点があった。

シーバー」を基本構造としている（図2-21）。

　音の信号処理がアナログのものを**アナログ補聴器**，IC チップなどでデジタル信号として処理するものをデジタル補聴器と呼ぶ。現在販売されている補聴

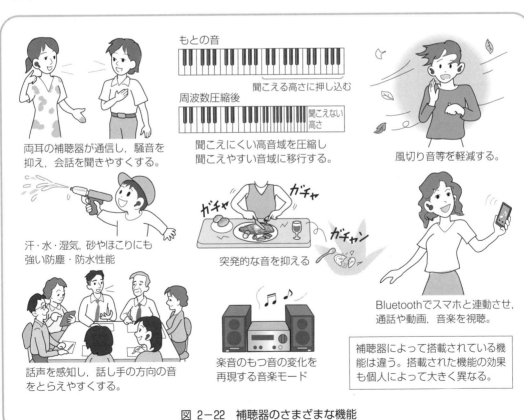

両耳の補聴器が通信し，騒音を抑え，会話を聞きやすくする。

もとの音
聞こえる高さに押し込む
周波数圧縮後
聞こえない高さ
聞こえにくい高音域を圧縮し聞こえやすい音域に移行する。

風切り音等を軽減する。

汗・水・湿気，砂やほこりにも強い防塵・防水性能

突発的な音を抑える

Bluetoothでスマホと連動させ，通話や動画，音楽を視聴。

話声を感知し，話し手の方向の音をとらえやすくする。

楽音のもつ音の変化を再現する音楽モード

補聴器によって搭載されている機能は違う。搭載された機能の効果も個人によって大きく異なる。

図 2-22　補聴器のさまざまな機能

DSP
digital signal processor
デジタル信号の処理を高速に行うことを目的とする集積回路（ICチップ）。

器の大部分はアンプの部分にデジタル信号処理（DSP）回路が搭載されたデジタル補聴器である。このDSPにより複雑な信号処理とその増幅を行うことが可能となり，デジタル補聴器は革新的な性能の向上をもたらした。

　補聴器に搭載された機能（図2-22）をどの程度有効に活用できるかは，使用者本人の年齢や聴力，聴取力等によって違ってくる。補聴器の機能は非常に複雑で高性能になってきているが，装用児者の生活環境に合ったものを選び，装用児者のニーズに応じて**調整（フィッティング）**することが大切である。

調整（フィッティング）
デジタル補聴器の調整は，補聴器とパソコンを接続器等でつなぎ，補聴器メーカーが提供するフィッティングソフトを使用して行う。

（3）補聴器の種類

　補聴器は装用部位に対応した形状によって「耳あな型」「耳かけ型」「ポケット型（箱型）」など，いくつかのタイプに分類される。これらの補聴器は音の伝達経路に気導部位を使用するため気導補聴器とも呼ばれる。これに対して，

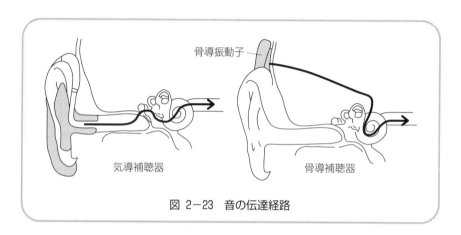

図 2-23　音の伝達経路

コラム　補聴器と集音器

　補聴器の原型にあたるラッパ型の「集音器」は17世紀には登場していた。晩年，難聴で苦しんだベートーベンもラッパ型集音器を使用していたそうだ。メトロノームを発明したヨハン・メルツェルがベートーベンのために作成したラッパ型集音器は現存している。

　現在，新聞広告などで目にする「集音器」は，補聴器と大差がないような形状をしているものもある。しかし，「補聴器」が厚生労働省の定めた安全性等の基準をクリアした管理医療機器である一方，「集音器」は，補聴器のような製造や販売上の制約のない，音の増幅器である。

ラッパ型集音器

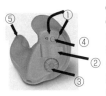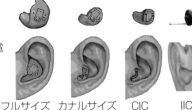

①マイク（音の入り口）
②電池ホルダー（電池ボックス）開け閉めで電源ON-OFFに対応
③ボリューム
④プログラムスイッチ
⑤音口（音の出口）

フルサイズ（ITE）　カナルサイズ（ITC）　CIC　IIC

図2-24　耳あな型補聴器

音の伝達に気導を使わず伝音系を使用する骨導補聴器や軟骨伝導補聴器もある（図2-23）。これらは内耳以降に問題のない伝音難聴や軽度の混合難聴に有効である。

1）耳あな型補聴器

補聴器本体を耳介や外耳道の中に入れて使用するものをいう（図2-24）。耳あな型補聴器は，装用する人の耳から型を取ってつくったシェルの中に部品を組み込んでつくるオーダーメイド製品である。大きさによって，フルサイズ，カナルサイズ，CIC（completely in canal），IIC（invisible in canal）等があり，サイズや形状のバリエーションが豊富である。

耳あな型補聴器は，補聴器の中では最も小さな形で，装用していることが目立ちにくい。この小さな本体の中に部品を詰め込んだ耳あな型補聴器は，小型であるゆえにマイクと音口の距離が近くなり，音を大きくすると**ハウリング**を起こしやすくなるため，軽度中等度向けの補聴器であると考えられてきた。しかし，近年の**ハウリング抑制機能**の向上で，大きな音を出すことが可能なフルサイズやカナルサイズも多く出てきており，重度難聴にも対応できるようになってきている。

2）耳かけ型補聴器

耳介にかけて装着するタイプの補聴器で，音を拾うマイクが耳の上にある（図2-25）。音の出口である**イヤモールド**や耳栓と比較的距離があるため，耳あな型補聴器と比べ大きな音を出すことができる。軽度難聴から重度難聴まで，あらゆる程度の難聴に対応できる。耳かけ型補聴器は，日本における出荷台数の2/3を占めている（図2-26）。最近では補聴器本体もカラフルでデザインも豊かになってきた。価格は機能の違いにより，1台約7～50万円とさまざまである。電源にはボタン型空気電池を使用しているが，近年，充電タイプの耳かけ型補聴器も販売されるようになってきた。

また，レシーバーを本体から分離し，耳の穴の中に収めた**RICタイプ**もあ

ハウリング
音が漏れ，再度補聴器に入り増幅されること。ピーピー音。

ハウリング抑制機能
ハウリングを感知した補聴器が，ハウリングを打ち消す音（ハウリングの逆位相音）を自動で出す等を行い，ハウリングを抑える機能。

イヤモールド
装用者の耳の形に合わせてつくられたアクリル樹脂やシリコンを素材とする耳栓。洗浄等の清掃が必要。
図3-7 p.112参照。

RICタイプ
receiver in canal type
外耳道内レシーバー型補聴器の呼称。

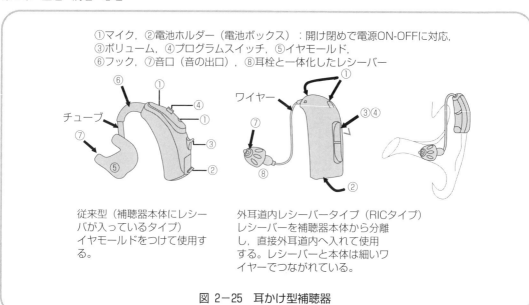

①マイク，②電池ホルダー（電池ボックス）：開け閉めで電源ON-OFFに対応，
③ボリューム，④プログラムスイッチ，⑤イヤモールド，
⑥フック，⑦音口（音の出口），⑧耳栓と一体化したレシーバー

従来型（補聴器本体にレシーバが入っているタイプ）
イヤモールドをつけて使用する。

外耳道内レシーバータイプ（RICタイプ）
レシーバーを補聴器本体から分離し，直接外耳道内へ入れて使用する。レシーバーと本体は細いワイヤーでつながれている。

図 2-25　耳かけ型補聴器

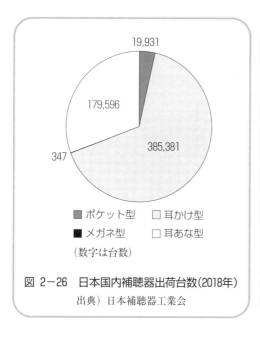

図 2-26　日本国内補聴器出荷台数(2018年)
出典）日本補聴器工業会

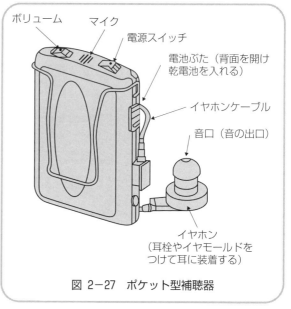

図 2-27　ポケット型補聴器

る。このタイプは，レシーバーが耳栓と一体化しており，音声出力部分が耳の中へ音を届けることができるため，より自然な聞こえを再現することができるようになっている。

　耳かけ型補聴器のほとんどの器種は補聴（援助）システムの使用が可能であるため，学校生活等で選択されることが多い。

3）ポケット型補聴器（箱型補聴器）

　ポケット型補聴器は，音を取り込むマイクが補聴器上部についており，耳に

ポケット型補聴器
補聴器本体が箱型をしており，使用時はポケットに入れて使うことから「ポケット型補聴器」「箱型補聴器」と呼ばれている。

入れるイヤホンと補聴器本体はコードでつながっている(図2-27)。装用時は，本体をポケットに入れたり，袋に入れて首から掛けたりするため，身体が動くたびに本体に揺れが伝わり，衣擦れの音がマイクから入ると雑音になる。

しかし，一般的な乾電池で使用でき，他のタイプの補聴器と比べ比較的安価である。さらに，本体についたスイッチやボリュームは装用したままで見ながら操作できたり，本体マイクを話し手やテレビに向けることで聞き取りやすくなったりする。これらの理由から，高齢者向けの補聴器として利用されることが多い。

廃　棄
電池工業会「ボタン電池回収サイト」には，空気電池の廃棄方法や各地区のボタン電池回収協力店が掲載されている。

4）骨導補聴器

骨導聴力が活用できる伝音難聴児者に有効な補聴器である（図2-28）。補聴

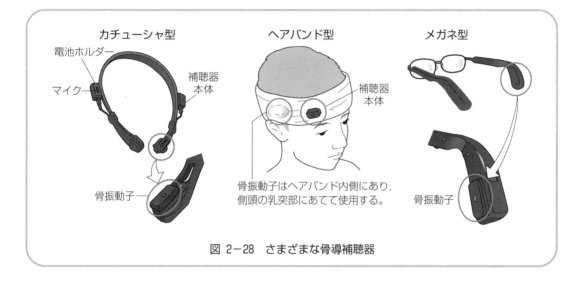

図 2-28　さまざまな骨導補聴器

コラム　空気電池（空気亜鉛電池）

　耳あな型補聴器や耳かけ型補聴器の電源は空気電池である。空気電池のプラス側には，シールが貼られている。小さな空気孔を塞いでいるこのシールをはがすことで，空気孔から入った酸素は電池の中の亜鉛と反応して電気をつくる。このシールは一度はがすと少しずつ放電するため，使用直前にシールをはがすのがよい。空気電池の大きさは4種類あり，サイズ別にシールで色分けされている。補聴器の大きさに合わせて選ぶ。電池寿命は150〜300時間程度で，使用する電池サイズや補聴器の出力，補聴器の使用時間によっても違ってくる。

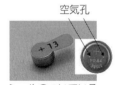

シールのついている面がプラス面。

　空気電池には微量の水銀が含まれているため，**廃棄**の際はセロハンテープで両面をくるみ絶縁させた後に，専用回収箱に捨てることが奨励されている。

器のマイクから入った音は，振動に変換され，耳後方の乳突部にあてられた骨振動子より直接内耳に伝達される。外耳道閉鎖症や小耳症など，通常の補聴器が使用できない人には，外耳や中耳を挟まずに正常な内耳で音を聞けるため，補聴効果が高い。

　メガネ型という専用のメガネに装着するタイプの骨導補聴器もある。これは，メガネと補聴器が一体化したタイプで，メガネのツルの部分に補聴器が内蔵されており，ツルの骨振動子を耳の後ろの骨（乳突部）にあてて使用する。

（4）補聴器の点検と購入

汗や湿気
夜間や長時間補聴器を外しているときは，乾燥剤の入った保管ケースや，補聴器用乾燥機に入れておく。

補聴器の結露
冬場，装用していると体温でチューブ内の空気が暖められるため，冷たい外気との温度差によりチューブ内側に結露が起きる。

補装具支給制度
税金で賄われ，基準額の1割は原則利用者が負担する。

軽度・中等度難聴児補聴器購入費等助成事業
地方公共団体が実施するもので，軽度・中等度難聴児が補聴器を購入する際に費用の一部を助成する事業。

　補聴器は身体に装着する精密機器であるため，**汗や湿気**，耳垢等に対する手入れや，正常に動作しているかの点検が必要である。補聴器の音が出ない等のトラブルの際は，「電池を交換する」「音口やチューブに耳垢や水滴（**結露**）が詰まっていないかの確認をする」など，まず装用者自身が点検し，それでも対処できない場合は，補聴器取扱店等に修理を依頼する。なお，日ごろ，ていねいに扱っていても，部品の劣化等による修理は避けられず，数年で補聴器は寿命を迎えることになる。聴力の悪化により，装用していた補聴器が再調整だけでは聴力に対応できなくなることもある。

　補聴器購入に際しては，障害者総合支援法（障害者の日常生活及び社会生活を総合的に支援するための法律）による**補装具支給制度**がある。これは，身体障害者手帳の交付を受けている聴覚障害児者が，補聴器を購入または修理する際に一定の費用（基準額）が支給される国の制度である。補聴器の耐用年数は，障害者総合支援法では5年が目安とされている。

　聴力が基準を超えず，身体障害者手帳の交付を受けていない難聴児に対する**軽度・中等度難聴児補聴器購入費等助成事業**も各自治体等で始まっており，聴力障害の程度が比較的軽い難聴のある子ども（18歳未満）も，この助成制度を利用して補聴器を購入することができるようになっている。

コラム　子ども向けの補聴器

　電源が入っているときに光る背面のLEDライト。電池の誤飲防止のためのロックつき電池ボックス。補聴器が耳から脱落して紛失しないように，補聴器と衣服を結ぶ脱落防止クリップ。大人が管理しやすい補聴器の工夫が次々となされている。

2　人工内耳

（1）人工内耳とは

　人工内耳（cochlear implant）は，最も普及している人工臓器のひとつで，聴覚障害があり補聴器での装用効果が不十分である重度聴覚障害児者に対する唯一の聴覚補償を目ざす手術と高度管理医療器具の総称である。しかし，その有効性には個人差があり，また手術直後から完全に聞こえるわけではなく，人工内耳を通して初めて聞く音は，個人によりさまざまな表現がなされるが，本来は機械的に合成された音である。しかし，多くの場合徐々にことばが聞き取れるようになる。そのためには，（リ）ハビリテーションが大切であり，本人の継続的な積極性と，家族の支援も必要である。

（リ）ハビリテーション
リハビリテーションの語源はラテン語 habil（有能，生きる）で，病気やけがをもとの habil の状態に戻す（re-habil）という意味である。先天性もしくは生後早期からの機能障害は，もとに戻すのではなく，能力を獲得する意味でハビリテーションを用いる。

（2）人工内耳の基本構造と原理

　部品の名称や形態は製品によって異なるが，基本的構造と原理は，どの社の人工内耳もおおむね同じで，体外部と体内部から構成されている（図2−29）。体外装置と体内装置は電磁誘導によって信号伝達が行われる。体外装置は耳かけ型補聴器に似た格好をしているものが主体であるが，耳にかけず後頭部に取りつけるコイル一体型の体外装置も製品化されている。

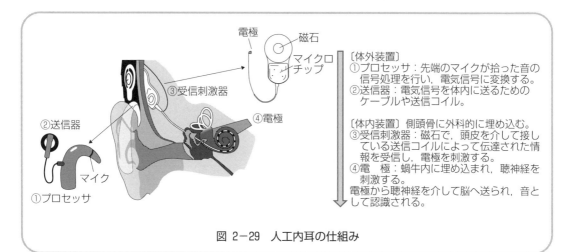

〔体外装置〕
①プロセッサ：先端のマイクが拾った音の信号処理を行い，電気信号に変換する。
②送信器：電気信号を体内に送るためのケーブルや送信コイル。

〔体内装置〕側頭骨に外科的に埋め込む。
③受信刺激器：磁石で，頭皮を介して接している送信コイルによって伝達された情報を受信し，電極を刺激する。
④電　極：蝸牛内に埋め込まれ，聴神経を刺激する。
電極から聴神経を介して脳へ送られ，音として認識される。

図 2−29　人工内耳の仕組み

（3）小児人工内耳適応基準（日本耳鼻咽喉科学会）

　小児人工内耳適応基準は2014年に見直された（表2−5）。見直しにあたっては，以下のような概要と解説が付記されている。

　人工内耳は，高度以上の難聴を有する児に対して，音声を用いたコミュニケーションを可能とすることを目標とした医療的介入手段のひとつである。基本的には，補聴器を用いる場合と比較して，相対的に優れると判断された場合に適

表2－5　小児人工内耳適応基準（日本耳鼻咽喉科学会，2014）

本適応基準では，言語習得期前および言語習得期の聴覚障害児を対象とする。

【Ⅰ．人工内耳適応条件】

小児の人工内耳では，手術前から術後の療育に至るまで，家族および医療施設内外の専門職種との一貫した協力体制がとれていることを前提条件とする。

1．医療機関における必要事項

A）乳幼児の聴覚障害について熟知し，その聴力検査，補聴器適合について熟練していること。

B）地域における療育の状況，特にコミュニケーション指導法などについて把握していること。

C）言語発達全般および難聴との鑑別に必要な他疾患に関する知識を有していること。

2．療育機関に関する必要事項

聴覚を主体として療育を行う機関との連携が確保されていること。

3．家族からの支援

幼児期からの人工内耳の装用には長期にわたる支援が必要であり，継続的な家族の協力が見込まれること。

4．適応に関する見解

Ⅱに示す医学的条件を満たし，人工内耳実施の判断について当事者（家族および本人），医師，療育担当者の意見が一致していること。

【Ⅱ．医学的条件】

1．手術年齢

A）適応年齢は原則1歳以上（体重8kg以上）とする。上記適応条件を満たした上で，症例によって適切な手術時期を決定する。

B）言語習得期以後の失聴例では，補聴器の効果が十分でない高度難聴であることが確認された後には，獲得した言語を保持し失わないために早期に人工内耳を検討することが望ましい。

2．聴力，補聴効果と療育

A）各種の聴力検査の上，以下のいずれかに該当する場合。

ⅰ．裸耳での聴力検査で平均聴力レベルが90dB以上。

ⅱ．上記の条件が確認できない場合，6カ月以上の最適な補聴器装用を行った上で，装用下の平均聴力レベルが45dBよりも改善しない場合。

ⅲ．上記の条件が確認できない場合，6カ月以上の最適な補聴器装用を行った上で，装用下の最高語音明瞭度が50％未満の場合。

B）音声を用いてさまざまな学習を行う小児に対する補聴の基本は両耳聴であり，両耳聴の実現のために人工内耳の両耳装用が有用な場合にはこれを否定しない。

3．例外的適応条件

A）手術年齢

ⅰ．髄膜炎後の蝸牛骨化の進行が想定される場合。

B）聴力，補聴効果と療育

ⅰ．既知の，高度難聴を来しうる難聴遺伝子変異を有しており，かつABR等の聴性誘発反応および聴性行動反応検査にて音に対する反応が認められない場合。

ⅱ．低音部に残聴があるが1kHz～2kHz以上が聴取不能であるように子音の構音獲得に困難が予想される場合。

4．禁　忌

中耳炎などの感染症の活動期

5．慎重な適応判断が必要なもの

A）画像診断で蝸牛に人工内耳が挿入できる部位が確認できない場合。

B）反復性の急性中耳炎が存在する場合。

C）制御困難な髄液の噴出が見込まれる場合など，高度な内耳奇形を伴う場合。

D）重複障害および中枢性聴覚障害では慎重な判断が求められ，人工内耳による聴覚補償が有効であるとする予測がなければならない。

応となる。

　聴覚障害児が音声を用いたコミュニケーションを行うためには，より早期から音声による言語情報の入力が行われることが推奨される。人工内耳が一定の効果を示してきていることを踏まえて，その適応年齢を原則 1 歳以上（体重 8 kg 以上）と広げた。

　音声を用いてさまざまな学習を行う小児期には，難聴児に対する補聴の基本は両耳聴であり，両耳聴の実現のために人工内耳の両耳装用が有用な場合にはこれを否定しない。しかし，両側人工内耳を強制することはあってはならない。

　人工内耳の適応にあたっては，医学的要件を満たすだけでなく，その他の社会的な背景を考慮する必要がある。この背景には，① 保護者からのサポート，② 療育・教育施設との連携，③ 術後の療育・教育環境の整備などが含まれる。これらの難聴児をとりまく環境について，十分な調整を行ったうえでの手術適応決定が望ましい。

　人工内耳を用いて今後生活していくこととなる幼小児では，慎重に適応を見極める必要がある。その問題点を以下に列挙する。

① 年齢あるいは発育のために，手術を受けることについて自己の意思で決定することができない。

② 年齢あるいは発育のために，正確な聴力を把握しにくい場合がある。

③ 人工内耳は蝸牛内に電極を埋め込む手術であり，残聴を失う可能性がある。

コラム　人工内耳の埋め込み手術費用

　人工内耳の埋め込み手術には，1994年から健康保険が適用されている。世帯収入や治療状況によるが，通常は自立支援医療制度，高額療養費制度の対象となる。地方自治体によっても医療費助成の制度が異なるが，小児の場合は育成医療が適応される。

インプラント＋プロセッサ＋手術費用＝約 400 万円

実際の自己負担額

自己負担限度額超過分＝高額療養費として支給される

| 1 割 | 2 割 | 7 割：健康保険で賄われる |

3 割：通常の自己負担額＝約 120 万円

　健康保険では，人工内耳はインプラントとプロセッサを合わせて約260万円，手術費用が約40万円と規定されており，総費用は入院費も含めると約400万円になるが，各助成を受けることで自己負担額を減らすことができる。

④ 聴力レベルが90dB 以上であっても，療育によっては補聴器で対応できる
場合もある。

⑤ 療育の状況は，地域によって違いがある。

したがって保護者，家族はもちろん，手術施設内外の聴覚・音声言語指導の
療育にかかわる人たちとの意見の一致が欠かせない。

この適応基準は，時代の変化や医学の進歩に伴って適宜見直しを図る必要が
ある。

（4）補聴器と人工内耳の違い

補聴器の機能が改善されるとともに，人工内耳の適応が拡大し，さらにさま
ざまな人工聴覚機器が認可されたため，聴力レベルによる境界が不分明になっ
ている。しかし大きな相違点は，人工内耳は手術を伴うため侵襲性があること
と，前もって試聴ができないことである。また，体内に埋め込んだ電極の交換
には再手術しか方法がない。電極の改良や手術手技の進歩により，蝸牛への侵
襲が低くなり，残存聴力がより温存できようになっている。

音の伝達経路に関しては，補聴器は設定により増幅された音響信号が本来の

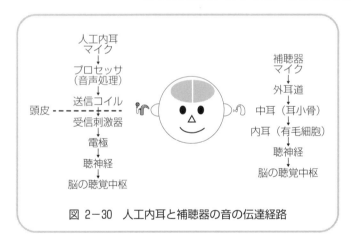

図 2-30　人工内耳と補聴器の音の伝達経路

聴覚伝達経路である外耳，鼓膜，耳
小骨，内耳の有毛細胞に伝達されて
電気的エネルギーを生じ，らせん神
経節細胞を経て聴皮質に到達する。
一方，人工内耳は蝸牛内に埋め込ま
れた電極が内耳のらせん神経節細胞
を直接電気刺激して，聴皮質にて音
として知覚される（図2-30）。難聴
が重度であるほど有毛細胞が損傷さ
れているため，電極が代替機能を担
当する。補聴器と人工内耳では補聴
の原理が異なるため，聞こえ方も異なる。

活動に関しては，人工内耳の場合は側頭骨にインプラント（信号復調）が埋
め込まれているため，側頭部への打撃を与えるような格闘技やラグビーなど，
また強い水圧がかかる25m 以上の深さのダイビングは制限される（アクアプラ
スは水深3m まで）。またMRI などは，その磁束密度によって，対応できない
インプラントもある。

装用閾値は，補聴器は残存聴力によるが，人工内耳の場合はその調整が適切
であり，マイクの感度が低下していなければ，おおむねどのメーカのものでも
日常会話音域の周波数においては30dB 前後の入力が保たれる。これにより，
装用間もない子どもにおいて，高周波域のことばの聴取や発音が可能になる例

が多い。

　両耳装用については，補聴器＋補聴器，補聴器＋人工内耳（bimodal），人工内耳＋人工内耳（bilateral）などの様式で可能である。調整は左右のバランスを取ることが求められる。

（5）トラブルとその対応

　体内機器の問題には電極の断線やショート，IC 回路の故障などがある。断線やショートの程度が軽微であれば，プログラムの調整で対応が可能であるが，IC 回路の故障や電極のトラブルが過度な場合は，再手術による電極の埋め替えが必要になる。体外機器の問題はケーブルの断線，マイクの感度低下，プロセッサ（音声を電気信号に変換）およびバッテリー部の故障などがあるが，これらは機器を交換することで対応が可能である。

　医学的な問題としては，音刺激に顔面けいれんが伴う場合は，プログラムの調整でトラブルが解消することもある。聴神経形成不全や蝸牛の奇形，オーディトリーニューロパチーなどの場合は，音への反応が乏しかったりみられなかったりすることもある。

コラム　人工内耳 Q&A

Q1　人工内耳は安全か？
　A1　人工内耳の手術は日本では30年の歴史がある。全身麻酔下で実施され，手術の経験を積んだ医師が担当する安全な手術である。
Q2　人工内耳インプラントは定期的に交換が必要か？
　A2　交換の必要はない。聞こえの具合がおかしいと思った場合には，担当の医療機関に相談する。
Q3　人工内耳の手術をすると，すぐに聞こえるようになるか？
　A3　術後，術創が癒えたころに体外器とパソコンをつないで，人工内耳の調整（マッピング）を行うことによって聞こえるようになる。術後の（リ）ハビリテーションが大切で，そのためには本人の継続的な積極性と，家族の支援も必要である。
Q4　プロセッサは定期的に交換が必要か？
　A4　交換の必要はない。ただし，新しいプロセッサが開発・販売されたときには，試聴して聞こえを比較してもよい。ただし，買い換え費用は原則自己負担であるが，多くの自治体では補助制度がある。

（6）人工補聴機器の種類

1）人工内耳のメーカと種類

日本では図2–31に示す3社のメーカの人工内耳が認可・使用されている。電極の数や音声コード化法などに，各社の特徴があるが，仕組みや聞こえ方はほとんど同じである。

2）人工聴覚補償機器の種類

上述の通常の補聴器，人工内耳のほかに，特殊な補聴機器がある。

①　**残存聴力活用型人工内耳**（electronic-acoustic stimulation：EAS）　高音急墜型の難聴者を対象とし，高音域には人工内耳の電気刺激，低音域には補聴器の音響増幅を用いる二つの技術を組み合わせたものである。プロセッサに内蔵されたマイクによる受信音を電気信号に変換する。高音域は，体内に埋め込まれた刺激器に電気信号として送られ，電極により聴神経を電気刺激し，低音域については音を増幅してプロセッサに送られ聴覚路を経て音響刺激する。

②　**骨導聴力活用型インプラント**（bone-anchored hearing aid：Baha）　振動を骨に直接伝える骨固定型の骨導補聴器で，環境音，語音の聞き取り能力の改善のため，既存治療では改善が見込めない両側の聴覚障害症例で，少なくとも一側の骨導閾値が正常ないしは軽度障害，すなわち内耳が健常である症例（外

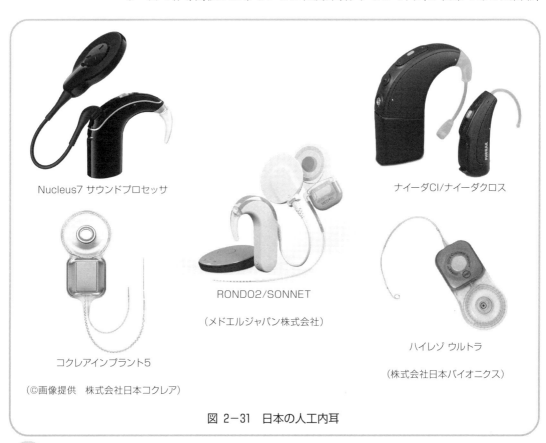

Nucleus7 サウンドプロセッサ

ナイーダCI/ナイーダクロス

RONDO2/SONNET

（メドエルジャパン株式会社）

コクレアインプラント5

ハイレゾ ウルトラ

（株式会社日本バイオニクス）

（©画像提供　株式会社日本コクレア）

図 2–31　日本の人工内耳

耳道閉鎖症および外耳・中耳疾患）が適応になる。

③　**人工中耳**（vibrant soundbridge：VSB）　従来の補聴器では改善がみられない医学的な理由により，補聴器を使用できない，中耳の手術を受けても聞こえが改善しない場合に対象となる。プロセッサのマイクで音を拾う→音声を電気信号に変換→信号が皮膚を介してインプラントへ伝達→振動子FMT（信号を振動に変換）へ中継→信号を機械的な振動に変えて，中耳構造（耳小骨など）を直接刺激→この振動が音を内耳に伝える→脳で音として知覚。

音を増幅するだけではなく，周囲の音を機械的振動に変換し，中耳の構造を直接刺激することで，日常における環境音と語音の聞き取りを改善し，高周波数までカバーする。

コラム　プロセッサの故障

3年間のメーカ保証以外に，動産保険の制度がある。片耳の年間保険料約2～3万円で，免責金額は生じるが，条件内であれば修理ができ，修理不能の場合には新品との交換が可能である。2000年4月に「補装具費支給制度」の修理基準が改められたため，動産保険未加入の場合でも，手続きにより修理費の一部が助成されるようになった。

一耳に1プロセッサしか有しておらず，そのプロセッサのメーカの修理対応や部品供給が終了している場合，プロセッサもしくは部品等いずれかの破損により使用不能になったときには健康保険が適用され，植え込み電極と互換性のある新規型へ交換できる。

最近では，電池についても自治体の助成が増えている。

コラム　人工内耳の聞こえ

メーカにより，多少の差はあるが，おおむね聴力図の四角い部分において音を拾うことができる。音の強さは，20～30dBの小さな音から聞こえるが，60～80dB以上の強さの音は圧縮される。音の高さは200～8,000Hzまでの周波数域の音を拾うことができる。高周波数域の増幅に限界のある補聴器との大きな違いである。人の会話音のほとんどを人工内耳で聞き取ることがで

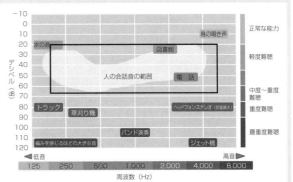

きる。しかし，雑音のある所や，遠く離れている人のことばは聞き取りにくく，教育の場では補聴システムの使用が必要となる。

3　補聴援助システム

　人の話声は話し手から離れれば離れるほど聞き取りにくくなるうえ，残響や騒音の多い場所では聴者にとっても聞き取りが容易ではなくなる。補聴器や人工内耳を装用して日常会話を聞き取っている聴覚障害児者ではその情報伝達が大きく低下するため，困難に直面しやすい。また一側性難聴の場合でも音がステレオではなくモノラルとなり，音の方向や距離感をつかむことが難しく，またスケルチ効果も喪失するため，補聴器や人工内耳を装用している聴覚障害児者と同じく残響や騒音の影響を受けやすい。

スケルチ効果
squelch
両耳で聴取した場合，中枢の機能によって左右にたどり着いた信号と雑音の比率の違いによって，信号だけを抽出して聞き取りやすくする機能。

　残響とは，室内で音源が停止した後も音が響いて聞こえる現象である。残響はあらゆる場所で生じるが，音楽などでは長い残響音が好まれ，劇場や音楽ホールを設計する際には，残響時間は大きな考慮点になる。講演や会話など音声言語によるコミュニケーションを行う室内では，聞き取ることが重要になるため，残響時間は短いほうが望ましい。

　通常騒音は SN 比で表される。聞きたい音（signal：S）との距離が近いときは，騒音（noise：N）より聞きたい音が十分に大きく，SN 比が大きい環境となる。逆に聞きたい音との距離が遠いときには，聞きたい音が騒音に紛れ，SN 比が小さくなり聞き取りが悪くなる。

　補聴援助システムとは，周囲の雑音を排除し，聞きたい音をより鮮明に聞こえるように SN 比を向上させるシステムである。補聴器や人工内耳を装用している聴覚障害児は，残響や騒音の少ない場所では対面する人と1対1であれば比較的聞き取ることができる。しかし学習環境である教室では，音源である教員から離れており周囲にも騒音があるため，補聴器や人工内耳だけでは十分に聞き取りができない。このような場合，騒音下や残響下でも明瞭にことばを聞くために，直接音声を伝送する方法が多く用いられる。FM 補聴援助システム，磁気誘導補聴援助システム（ループシステム）が一般的に使用されている。話し手である教員が装用したマイクつきの送信機から，難聴児の補聴器に取りつけた受信機や一側性難聴児の健聴耳に装用した受信機に，直接の声を伝達することにより良好な SN 比が得られ，聞き取りの向上につながる。

　近年，FM 補聴援助システムの次世代型のデジタルワイヤレス技術を使用し

コラム　歌手がライブ中にイヤホンをつけているのは

　広い会場で生じる音の反響や時間差を，耳元のイヤホンに直接音を届けることで解消している。イヤーモニターといわれる。これによりスピーカーの位置を気にすることなく歌うことができる。

た援助システム（Roger®, PHONAK社）が販売されており，電波干渉がなく，より優れた伝送能力が確認されている。磁気誘導補聴援助システムは，コンサートホールや講堂，集会場や聴覚特別支援学校などの公共の場に設置されるが，磁気ループを敷設するといった大がかりな設備工事が必要であり，普及率はそれほど高くないのが実情である。

聴者ではSN比が少し小さい（聞きたい音より騒音が若干上回る）環境であっても聞き取りには影響しないが，聴覚障害児者ではSN比が大きい条件が確保されなければ，本来の聞き取り能力は発揮されない。多人数がそれぞれ雑談をしている中でも，周辺の雑音レベルがかなり高いにもかかわらず，自分が興味のある人の会話や必要な事がらだけを選択してきちんと聞き取れる現象をカクテルパーティ効果というが，聴覚障害者は騒音下で自分にとって有意な音の存在に気づくことが難しく，この効果を得にくいためだと考えられる。また難聴がなくても，注意欠如・多動症（attention-deficit hyperactivity disorder：ADHD）や**聴覚情報処理障害**（auditory processing disorder：APD）などのある児は，教員の声にずっと注意を向け続けることが困難なことが多く，補聴援助システムが有効になる。アメリカなどの教育現場では，このような児に対して積極的にFM補聴援助システムやデジタル補聴援助システムが導入されており，読み書き，計算力の習得，注意や意思疎通の向上が報告されている。日本でも積極的に導入されることを期待したい。

難聴はみえない障害であり，難聴による困難さはその児によって異なる。言語や知識の獲得時期である幼少児，低学年の児の場合は成人よりもさらに大きいSN比が必要とされるため，ことばの聞き取り環境や機器に対する知識をもち，児の音響環境を整備することは教育者の責務である。

聴覚情報処理障害
音は聞こえているのに，音声を情報として認識するのが困難である障害。通常の難聴と異なり，純音聴力検査では発見されにくい。

4 聴覚活用の評価

（1）聴覚活用とは

聴覚障害が重いにもかかわらず，環境音を識別できる，音楽を好んで聞いている，家族の声かけをよく理解しているなど主体的に聞く活動ができている人がいる。その一方で，聴者であっても，聞こうとする態度が形成されていないときに，予期しない音情報を聞き逃す，また聞き間違うことがある。聞こえと人との関係は「心がそこになければ，聞けども聞こえず」なのである。

補聴器や人工内耳を適合・調整し装用することによって，聞こえが補償されても，聴覚的な学習は保障されているわけではない。一人ひとりの子どもの成長・発達に応じた聴覚言語学習を促していく過程において，子どもの興味・関心を基盤とした「主体的に聞こうとする態度」が，子どもにとっての聴覚活用といえる。

（2）聴性行動による聴覚活用の評価

　乳幼児期・学童期の聴覚活用の評価は，補聴器や人工内耳などの聴覚補償機器の装用効果判定の材料として，また聴覚言語学習の習得過程として重要になる。以下の場面で，それぞれの特色を生かしたかかわりと観察記録を繰り返し実施することで，信頼性の高い評価となる。加えて乳幼児期には，成長・発達に応じた言語コミュニケーション指導の基盤ともなり得る。

　まずは，指導者が設定した場面での聴性行動の評価である。ここでは，子どもの聴覚補償機器の装用閾値に応じた各種音素材を準備する。音素材としては，環境音では食器が割れる音やドアが閉まる音，社会音では動物の鳴き声や救急車のサイレン音，楽器音などである。そして，音の大きさや子どもまでの距離，子どもの傾聴態度の有無，反応の出現頻度，具体的な反応様式などを観察し記録する。この場面に，家族が同席，または映像から客観的に観察できるように設定することも大切である。なぜならば，並行して実施する日常生活での聴性行動の観察ポイントのモデルを指導者が示しているからである。

　家族に対しては，子どもの聴性行動について，ていねいで，具体的なフィードバックを適時心がける必要がある。その一方で，子ども自身の聴性行動は，幼いほど無意識に生起している場合が多い。「聞こえる」ことが，子どもにとって興味をもつ意味のあるもの，例えば「ブッブー。車がきた。車に乗ろうね」と，子どもの気持ちに沿ったていねいなことばがけをするとともに，共感的な働きかけを行っていくことをつねに心がける。そして，意味ある音として意識化できるように働きかけしていく必要がある。このように設定された評価場面は，子どもと家族そして指導者の三者で，その子どもに応じた聴覚活用のスモールステップを確認する大切な場面となる。

　次に，日常生活での聴性行動の評価である。低年齢であればあるほど，家庭生活での時間が多くを占めることになる。起床から就寝までの時間の中で，繰り返される生活行動，例えば食事や着替え，興味をもっている遊びなどに伴う環境音・社会音や家族の声に対する反応などを観察し，評価することが中心となる。補聴器や人工内耳の装用により，自己の音声を傾聴する態度，発声量の増加，発声持続時間の延長，音声種類の増加などを観察する。また成長・発達とともに，音声模倣，注意喚起時の発声，意図的な発声など，より高次な音声行動に変化することも注目する。行動観察質問紙として，聴性行動発達質問紙やIT-MAIS（the Infant-Todder Meaningful Auditory Integration Scale），MAISなどが利用できる。

　このように，設定された指導場面と日常生活場面の音情報に対する子どもの聴性行動を総合的に評価する。また，装用開始からの経過期間については，補聴年齢（hearing aided age：HA age），人工内耳年齢（cochlea implanted age：CI age）と呼び，聴覚の発達的側面を経時的に評価することが大切となる。

（3）ことばの聴取による聴覚活用の評価

　日常生活での聴覚活用の状況を評価することが目的であるため，聴覚補償機器装用下での実施となる。音源は，肉声またはスピーカ法（録音再生音声）となり，スピーカ法における刺激音圧は，65ないし70dBSPL に設定すると会話音レベルで評価することができる。雑音負荷で聴取能力を評価する場合には，日本聴覚医学会の補聴器適合評価用 CD（TY-89）や補聴器適合検査の指針（2004）検査用音源 CD にある環境騒音を用いるとよい。

　また，聴取材料については，日本聴覚医学会の57語表，67語表，57-S 語表，67-S 語表，TY89，人工内耳装用のための語音聴取評価検査 CI2004などを用いて，子音，単音節，単語，文レベルの段階を踏んで評価する方法がある。

　検査実施においては，適切な難易度調整が必要とされるが，以下に基本的な配慮事項を列挙する。子どもにとっては，回答できるレベル課題から開始することが基本である。

① 視覚と聴覚の併用法から聴覚単感覚法へ。
② 家族や身近な指導者の肉声から録音再生音声（CD 検査音）へ。
③ クローズドセット（限られた範囲に回答の枠が用意されている条件，例えば絵カードの中から選択して答える方法）からオープンセット（選択肢の手掛かりがない条件）へ。
④ 単語（2音節単語，3音節単語）の聴取評価から単音節の聴取評価へ。
⑤ 静寂下での検査から雑音負荷での検査へ。

（4）評価の有効活用のために

　聴覚活用に影響する要因には，障害部位，程度，聴力型，発症時期などの聴覚障害の特徴などからわかる客観的評価と，本人の障害理解，聴覚活用の必要性，聴覚補償機器の管理および使用能力などの本人の聴覚活用に対する主観的評価，そして家族や周囲の障害理解や協力体制などがある。

　評価する側は，これらを正しく理解しておく必要がある。乳幼児期や学童期においては，本人の主観的評価を得るには難しい側面があり，客観的評価に重きが置かれる傾向にある。しかし，例えば補聴器や人工内耳の装着自立や機器調整への関心などを通して，幼児期より成長・発達に応じた主体的行動を確認できることはある。子どもとの生活の中での，さまざまな刺激に対する子どもの反応に大人が適切な対応することが必要となる。そのうえで，実施される聴覚活用の評価を総合的に判断することが大切である。

　さらにこれらの評価結果は，医療機関での聴覚管理や聴覚補償機器の再調整を行う際には，とても貴重な判断資料となる。家庭，療育・教育機関，そして医療機関において，具体的な資料提示を通した連携が取れることは意義深い。

dBSPL
音圧（音の大きさ：sound pressure level；SPL）をデシベルで表した単位。空気の振動の強さという純粋な意味での音の大きさ。

子どもにより聴覚障害の程度はさまざまだが，評価を通して，その子どもの最大限の聴覚活用のあり方を導き出すことが重要である。

5　言語発達の評価

私たちは他者と何らかのかかわりをもって生活している。その際，コミュニケーションの手段として用いられるのがことばである。ここで重要なのは，ことばの獲得は「聞く」ことが基本であり，聞こえが悪ければことばの獲得に影響が生じることである。聴覚障害のある子どもが言語発達の遅れを頻発する理由である。聴覚障害児の言語発達の遅れには早期訓練・指導が望ましく，言語発達評価が欠かせない。しかし，聴覚障害児の言語発達を評価する場合，何を明らかにしようとしているのかをまず整理する必要がある。

まず，全体としての言語の習得状況を評価する。標準化された発達検査を用いることで，同年齢児の成績分布の中で対象児の言語発達の位置を検討したり，同一個体内での言語性や認知機能の能力の差異について検討することができる。聴力障害の程度によっては，音声などに反応するまで何か月もかかる場合がある。反応が得られにくい低年齢児では音への反応を確認しながら，聴力を確定する努力をするとともに，保護者に児の様子を尋ね，**乳幼児精神発達質問紙**や**遠城寺式乳幼児分析的発達検査法**などの質問紙法を用いて，精神発達を確認していく。**WPPSI-Ⅲ知能検査**や **WISC-Ⅳ知能検査**は全検査に加え言語理解と知覚推理，ワーキングメモリ（WISC-Ⅳのみ），処理速度の指標を求めることができる。**ITPA 言語学習能力診断検査**では言語性の課題と非言語性の課題に分けて実施できる。**田中ビネー知能検査Ⅴ**は WPPSI-Ⅲ や WISC-Ⅳ のように知能を大別せずに総合的に評価し，IQ（知能指数）だけでなく精神年齢を算出することで，1歳レベルから成人するまで長期にわたって一人の聴覚障害児の経過を追うことが可能である。

乳幼児精神発達質問紙
1961年に津守・稲毛により発刊された質問紙による発達検査。生後1〜12か月の乳幼児用と1〜3歳用，3〜7歳用の3種類の検査用紙がある。日常の行動をよく知っている養育者からの聴取により，子どもの発達を「運動」「探索」「社会」「生活習慣」「言語」の5領域から評価する。

遠城寺式乳幼児分析的発達検査法
適応年齢は0〜4歳7か月であり，養育者からの聴取と行動観察により評価する。運動（移動運動，手の運動），社会性（基本的習慣，対人関係），言語（発語，言語理解）の3分野6領域から発達の特徴を明らかにする。

WPPSI-Ⅲ知能検査
ウィプシ・スリー。WPPSI 知能診断検査の改訂版。対象が3歳10か月〜7歳1か月から，2歳6か月〜7歳1か月までに広がった。2歳6か月〜3歳11か月までと4歳0か月〜7歳3か月までそれぞれ異なる下位検査で構成。動作性と言語性それぞれのIQに加え，言語理解，知覚推理，処理速度の標準得点も求められるようになった。

コラム　言語検査における問題点

　一般的によく利用される言語検査は聴児用に考えられたものであり，聴覚障害児の特性を考慮して作成されていない。検査内には一部，教示を聞き取ることが困難な聴覚障害児であっても動作による指示で知覚推理の能力を求めることができる項目も存在するが，検査の多くは音声言語による教示であり，音声言語以外の教示方法を使用した場合にはその旨の断りを明記しなくてはならない。検査結果だけがひとり歩きすることのないよう十分配慮しなければならない。

表2-6　発話行動の観察項目

語　彙	語彙の種類と使用数
構　文	文節数，使用構文の種類と数，意味的整合性
連続する談話	叙述内容と内容の構成
語　用	感情表出，行動調整，交話，意味伝達など
コミュニケーションレベル	成立したコミュニケーション単位数，使用した疑問詞

出典）山崎京子編著：言語聴覚療法シリーズ2　言語聴覚障害総論Ⅱ，建帛社，pp.100-107，2000.

　次に聴覚障害児の言語発達がどのような問題点を包含しているのかを検討する。言語発達の総合点ではなく，語彙や助詞，統語などの言語を構成する項目が順調に発達しているかという視点が必要である。聴覚障害児の発話行動を観察し，定型発達児の言語発達（表2-6）と照らし合わせながら言語発達の問題点を見いだす。聴覚障害児の言語発達支援を考えるうえでは，言語学的な構成要素について分析し評価できることが求められる。

　言語発達は，認知発達や社会性の発達，運動面の発達などと相互に影響し合っている。それに加えて聴覚障害児の言語発達は，難聴の程度，他の障害の合併の有無，保護者の教育力などさまざまな要因によって影響を受ける。まず聴力を確認したうえで，面接により得た生育歴，医学・心理学などの関連領域からの情報に加え，言語発達の評価を行い，知り得た情報と検査結果を分析して療育方法や教育指導に活用することが重要である。

6　手　話

　手話は，手の形とその動き・位置・向きに，顔や上半身などを用いた表現を伴って表すことばである。かつては「手まね」と呼ばれることもあったが，近年の手話の言語学的研究により，音声言語と同等な「言語」であると認知されるようになった。「手型」「動き」「位置」の構成要素をもち，この組み合わせで表現する。音声言語は声を用いるので一度に複数のことばを発することはできない（線条性）が，手話は空間や両手を用いて同時に複数の内容を表現することができる（同時性）という点が，大きな特性といえる。

　文字は指文字で表現する。現在日本で使われている指文字は，昭和初期に，大阪市立聾唖学校（現大阪府立中央聴覚支援学校）教員であった大曽根源助により考案されたものである。かな，数字，アルファベットがある。

　手話や指文字は世界共通と誤解されがちであるが，国や地域ごとに異なる。例えばアメリカとイギリスでは，音声言語は同じ英語を用いるが，手話単語や指文字には大きな違いがみられる。国内では，方言のように地域独特の手話単語の表現が多かったために，全日本ろうあ連盟が1970年から『わたしたちの手話（1）〜（10）』を発行し，手話の標準化を目ざした。現在は，厚生労働省

WISC-Ⅳ知能検査
ウィスク・フォー。十の基本検査と五つの補助検査からなる。全検査IQと言語理解，知覚推理，ワーキングメモリ，処理速度の四つの指標の標準得点を求める。指標間の差や下位検査の結果から認知特性を把握する。

ITPA言語学習能力診断検査
情報を受け取り，解釈してほかの人に伝えるというコミュニケーションの過程に必要な認知機能を測定する。全体的な発達のレベルを知るだけでなく，「個人内差」を測定するのが特色である。3歳0か月〜9歳11か月までが適応年齢である。

田中ビネー知能検査Ⅴ
適応年齢2歳0か月〜成人まで幅広く用いられている。この検査は一般知能の水準を測定しており，精神年齢（MA）と知能指数（IQ）を導き出すことで特定個人の知能水準を測定することができる。

指文字
p.59参照。

日本手話研究所
社会福祉法人全国手話研修センターの一部門。標準手話確定普及研究部，ろう教育研究部，外国手話研究部がある。

の委託を受けて**日本手話研究所**が，新しいことばに対応した手話を提案し，確定・普及を行っている。一方で，地域で継承されてきた手話の保存にも努めている。

　手話は，いくつかの種類に分類される。

　ろう者コミュニティの中で培われてきた，日本語とは異なる独自の言語構造をもつ手話は，「日本手話」「伝統的手話」といわれる。手型の動き方（方向，速さ，大きさ等）や語順，指さし等により，形容詞，副詞，助詞等を表現する（図2-32）。また位置や向きにより，位置関係や距離，関係性，時間軸等を表現している。まゆやあごの位置，視線や目の開き方，頭の動き，口型やほおの動き等の非手指動作にも一定のルールがあり，意味や細かいニュアンスが表現される。単語レベルでは日本語の口形を伴う場合もあるが，文レベルでは通常，音声言語は伴わない。

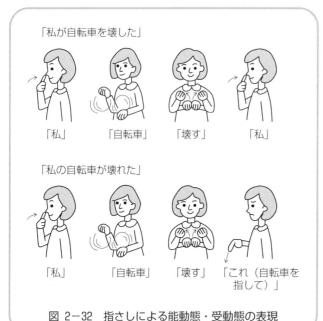

図 2-32　指さしによる能動態・受動態の表現

　手話単語を日本語の語順どおりに表現する手話は，「日本語対応手話」「中間型手話」等といわれる。聴者や中途失聴者，難聴者など音声による日本語を第一言語とする人びとが，音声言語によるコミュニケーションを補うために用いることが多い。助詞や語尾変化は口話で表現し，動きや位置，非手指動作はあまり細かく使い分けない。多くは音声言語や日本語の口形を伴って表現される。聴覚活用をベースとする教育現場では，この手話が用いられていることが多い。

　後述の「同時法」を提唱，推進してきた栃木県立聾(ろう)学校で開発された「同時法的手話」は，口話や聴覚活用と併用して使用できるよう，日本語に対応した「日本語の手話」である。日本語対応手話と同様の日本語の語順どおりの手話に加えて，助詞は指文字で，語尾変化も指文字やルールに従ってつくられた手話表現に即して表現し，音声言語と併用する。音声言語のリズムに合うよう，指文字も一部改変している。

　ただし，このように手話を分類することについては議論があり，日本で使われている手話はすべて「日本手話」である，とする立場もある。

　この他，視覚を使って手話を受信することのできない盲ろう者は，「**触手話**」を用いることがある。このときに用いられる手話は，その盲ろう者の障害歴によって異なる。アメリカ式指文字を盲ろう者の手のひらにあてる，ローマ字式指文字を用いることもある。

触手話
手話を用いる盲ろう者が，手のひらの下で表現された手話や指文字を，触覚を通じて読み取る方法。

　ろう教育においては，「手話−口話論争」といわれる議論が長く続いた。18世紀後半，ヨーロッパにおいてろう教育の基礎が築かれたころ，ドイツにおいてはハイニッケ(Heinicke, S., 1727〜1790) が純粋口話法に基づく言語指導を行い，フランスではド・レペ（de l'Epée, C.M., 1712〜1789）が手話法で教育を行った。「口話法」と「手話法」の二つの教育方法を巡って，激しい論争が繰り広げられたことが知られている。

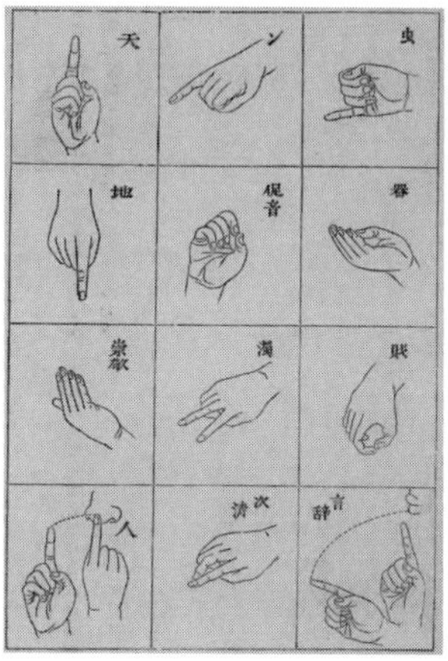

　日本のろう教育の始まりとされる1878年に開設された京都盲唖院では，開設者の古河太四郎が考案した手勢法（手話）が使われた（図2−33）。大正期から昭和初期にかけては，口話法による教育が研究・実践され，1970年代には，個人補聴器の普及により，口話法は聴覚活用をベースにした聴覚口話法へと発展した。口話法や聴覚口話法によって身につけられる読話や発音・発語の力や学力には，聴力や教育環境，教育歴などさまざまな要因により大きな個人差が生じていたが，この時代の障害者観を背景に，聴覚障害児者の社会参加のためには，読話・発音発語が大切であるとされ，手話は聴覚活用や読話・発語による日本語教育を妨げるものとして，長らく受け入れられなかった。

図 2−33　手勢法の1例（形象手勢）

出典）渡辺平之甫編：古川氏盲唖教育法，文部省図書局，1913.

　1968年，栃木県立聾学校で「同時法」が提唱・推進され，「同時法的手話」による教育が行われるようになった。また，アメリカから**トータルコミュニケーション**の理念や**バイリンガル・バイカルチュアル教育**の情報がもたらされ，国内外の障害者観の変化，人権的観点，手話の社会的認知の広がり，手話の言語学的研究の進展等により，ろう教育現場においても，手話，指文字，**キュード・スピーチ**などの視覚的手段の有効活用が研究されるようになった。文部省（当時）は1991年に「聴覚障害児のコミュニケーションに関する調査研究協力者会議」を設け，「聴覚障害教育の手引き−多様なコミュニケーション手段とそれを活用した指導−」（文部省，1995）をまとめた。この手引きによると，読話，発音・発語，聴覚活用，文字，指文字，手話，キュード・スピーチなどについて「これらは，どれがよくて，どれがよくないというものではない。それぞれがそれぞれ特有の機能を有しており，児童生徒の様々な条件に即して，使い分け，或いは組み合わせるべきものである」とし，それぞれのもつ機能を踏まえて，効果的な日本語教育を行うこととしている。

　現在は，新生児聴覚スクリーニング検査による早期発見や，デジタル補聴器や人工内耳により，聴覚活用の可能性に目覚ましい進展がみられる一方で，多くの聴覚特別支援学校で手話や指文字を併用しており，手話を第一言語として教育を行う私立学校が開設されるなど，多様な教育が行われるようになった。

古河太四郎
p.71参照。

同時法
栃木県立聾学校で開発された，読話，発語，聴覚活用，手指法等，多くのコミュニケーション手段を併用して日本語の伝達効率をよくして，日本語の学習や日本語による学習の効果を高めようとする方法。

トータルコミュニケーション
p.61参照。

バイリンガル・バイカルチュアル教育
p.61参照。

キュード・スピーチ
p.59, 60参照。

手話の語彙集を作成して，幼児期から積極的に手話を活用している学校も多くなっている。そのような状況の中，かつての「手話−口話論争」は，「どのような（どのように）手話を用いるか」という「手話−手話論争」へと移行している。多様なニーズのある子どもに対応する学校では，どのような手話をどのように使っていくことが効果的であるか，さまざまな視点から議論は続いている。

聴覚障害児者の社会生活において，手話通訳は重要な情報保障の手段のひとつである。1965年の「蛇の目寿司事件」をきっかけに，聴覚障害児者の権利保障として手話通訳が議論されるようになり，各地で選挙演説や議会傍聴で手話通訳が行われ，福祉事務所や職業安定所などで手話通訳者が配置されるようになった。「身体障害者社会参加促進事業」により1970年に手話奉仕員養成事業，1976年に手話奉仕員派遣事業が開始された。その後，手話通訳者制度化の要望を受けて，1989年には第1回手話通訳士認定試験（現在は手話通訳技能認定試験）が行われている。手話通訳者には「手話で会話ができる」ことに加えて音声言語を手話に翻訳する「聞き取り通訳」，手話を音声言語に翻訳する「読み取り通訳」の技術のほか，国語力や聴覚障害者福祉に関する幅広い知識が必要とされる。

蛇の目寿司事件
1965年，2人の聴覚障害者がけんかの余勢で寿司屋店主を死なせてしまった傷害致死事件。裁判や取り調べにおける公正な手話通訳を求める運動のきっかけとなった。

7　言語・コミュニケーション指導

言語は，日々の生活の中で人と人とのコミュニケーションを通して育っていく。しかし，聴覚障害があると，音声による情報の受容が制限され，話しことばによるコミュニケーションに困難が生じる。そのため聴覚障害は，言語発達に大きな影響を及ぼす。

聴覚障害児の指導においては，さまざまなコミュニケーション手段を子どもの聴覚障害の状態や発達段階に応じて駆使することにより，言語発達を促している。コミュニケーション手段には，聴覚活用，読話，発音・発語，文字，キュード・スピーチ，指文字，手話等があり，指導においてはこれらを組み合わせて使っている。

以下，聴覚障害児教育において用いられてきた主なコミュニケーション方法について紹介する。

（1）聴覚口話法

補聴器や人工内耳により聴覚を最大限に活用しながら，伝統的な口話法を用いて音声言語を習得し，その習得した音声言語を用いて学習を進めるのが聴覚口話法である。戦前は話し手の口唇の動きをみてことばを理解する「読話」と「発話」による口話法が中心であった。現在はこれに聴覚活用を加えている。

聴覚口話法では，音声言語をもとにした能力の習得により，聴者とのコミュニケーションが成立し，文字言語への発展をとおして抽象的な概念・思考の働きが可能となる，とされている。

（2）手話法

手話と指文字を用いることから「手指法」とも呼ばれる。

指文字（図2-34）は，手指の形により日本語の五十音を表すものである。拗音・促音・濁音・半濁音・長音等はこれらの動きによって表現する。

手話は古くから聴覚障害者間のコミュニケーション手段として使われてきたが，日本のろう学校では，口話法が台頭し近年まで排除されてきた。その理由は，手話の使用が口話能力の発達を妨げると考えられていたからである。

（3）キュード・スピーチ

口形と手の動きで日本語の音を表して口話の補助とし，それをコミュニケーションや日本語の指導として用いる方法である。キュード・スピーチは，母音を五つの口形の違いで弁別し，子音のキュー（図2-35）を組み合わせて表している。原則として五十音の各行に対応してひとつのキューが用いられる。このとき用いられるキューはろう学校で伝統的に用いられてきた発音誘導サインをそのまま使ったり，改良したりして使っているため，各校で少しずつ異なっ

拗　音
1 音節であって，「きゃ」「しゅ」「にょ」等のように，「や」「ゆ」「よ」を小さく添えて書き表す音。

促　音
「つ」を小さく書き表す音。つまる音。

濁　音
濁点「゛」をつけて書き表す音。

半濁音
半濁点「゜」をつけて書き表す音。

長　音
ある音節の母音を長く伸ばして発音する音。

キュー
手掛かり（cue）となる手指サイン。

発音誘導サイン
子音部の発音の仕方（息の出し方，舌や唇の動き）を手の動きで表しているサイン。

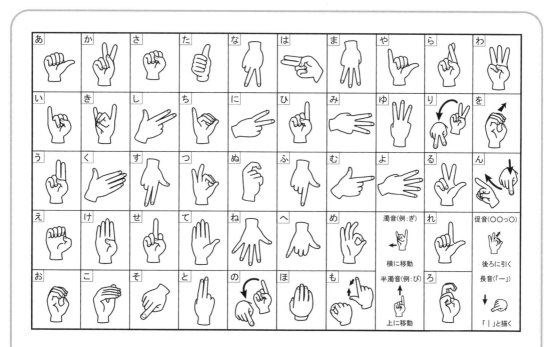

図 2-34　指文字

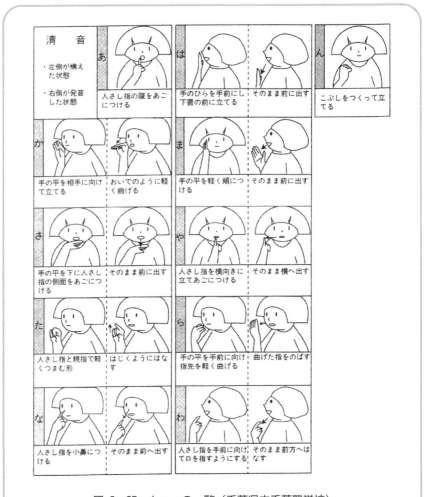

図 2−35　キューの一覧（千葉県立千葉聾学校）

出典）草薙進郎・四日市章編著：聴覚障害児の教育と方法，コレール社，pp. 74-75，1996.

ている。

キュード・スピーチは，聴覚特別支援学校の幼稚部・小学部で使われる場合が多く，幼児期からのコミュニケーションを確実にし，活性化できるとしている。

（4）同時法

聴覚口話法に手話や指文字を使用する方法であり，1968年から栃木県立聾学校で実践が開始された。同時法では口話と手指を同時に用いることで，お互いを補完して情報を伝達すると考えられている。読話での読み取りのあいまいさや発語でのフィードバックの困難さを手指で補完する。用いる手話は日本語対

応手話で，日本語をベースとしている。また，指導するコミュニケーション手段ついて，発達段階に応じておおむね定められている。幼稚部から小学部3年生前半までは「口話と指文字の同時使用」，小学3年生後半からは「手話を加えての同時使用」を行うとしている。幼児期から手話を導入しないのは日本語の音韻形成や文法構造の習得を第一に考えているからである。

（5）トータルコミュニケーション

　1968年にアメリカのホルコム（Holcomb, R.K.）によって提唱された聴覚障害児教育の理念である。ホルコムによれば，「聴覚障害児のニーズに合ったコミュニケーションを行うという理念」であり，コミュニケーションとしては，聴覚，口話，指文字，手話等あらゆるコミュニケーション方式を念頭に置いていた。その後，全米の公立ろう学校へ急速に広がり「口話と手話を併用する方法」とみられるようなった。

　日本においては，栃木の同時法の実践から次第にさまざまなコミュニケーション手段を使用する方法へと変化していった。1990年代に入り，乳幼児期から手話の使用を取り入れるろう学校も出てきた。

（6）バイリンガル・バイカルチュアル教育

　ろうを障害ではなく「言語少数派」とする考え方に基づき，第一言語を日本手話として，手話によるコミュニケーション環境を保障し手話言語の習得を目ざし，第二言語として書記言語としての日本語習得を目ざすアプローチである。日本手話による生活環境や教育環境を用意する必要がある。

コラム　全国の聴覚特別支援学校

　2016年度聴覚障害に対応する特別支援学校は全国で116校（文部科学省：特別支援教育資料（平成28年度），2018）設置されており，うち2校が私立である。1校は「日本聾話学校」であり，補聴器や人工内耳を使って，残された聴力を最大限に生かして学ぶ聴覚主導の教育を行っている。もう1校は2008年に開設された「明晴学園」であり，手話と日本語の二つの言語で教育を行っている。日本で「バイリンガル教育」を行っているのは明晴学園だけである。

8　医療機関における指導の実際

（1）医療機関受診時の主訴

　聞こえに困難がある子どもが初めて医療機関を受診した際に，その養育者から必ずしも聞こえに関する訴えがあるとは限らない。ことばの遅れや不明瞭さ，さらには落ち着きのなさなどを主訴に来院し，初診時評価の中で聴力の問題が発見されるケースも少なくない。そのため，医療機関では主訴に関する内容にかかわらず，聴覚については確実に評価を行う必要がある。

（2）医療機関における言語聴覚士の主な役割

　言語聴覚士（speech-language-hearing therapist：ST）は，聴覚をはじめ，認知，言語，構音などのコミュニケーションに関すること，さらには行動や摂食嚥下など，生活を営むうえでさまざまな問題を抱える人に専門的なサービスを提供し，その人の生活を支援する専門職である。聴覚障害児に対する医療機関（耳鼻咽喉科）での医師および言語聴覚士の大まかな役割と流れを図2−36に示す。初診時には，まず医師が診察を行い，医師の指示の下に言語聴覚士が必要な評価を行う。さらに聴力に応じた補聴支援と聴覚管理を行い，具体的な訓練および指導に移行する。

　言語聴覚士による評価は，聴力検査を行うだけでなく，認知発達や言語発達，構音や行動などの聴覚以外の多様な側面の評価も行う。評価方法については本章の「2節　聴覚検査」や「3節4　聴覚活用の評価，5　言語発達の評価」を参照されたい。

1）補聴に向けた取り組みと養育者への説明

　初期評価を行ったうえで，問題が聴覚のみであった場合，それが軽度であれ

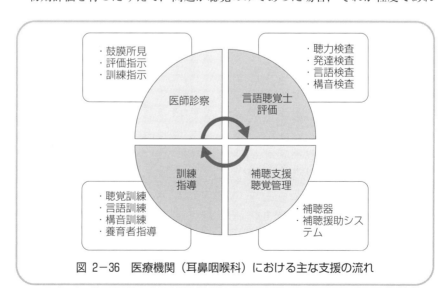

図 2−36　医療機関（耳鼻咽喉科）における主な支援の流れ

ば中耳炎などによる一過性のものなのか，それとも先天性難聴をはじめとする永続的なものなのかを鑑別する必要があるため，耳鼻咽喉科医の診察と併せて判断する。軽度の難聴で一過性のものではなかった場合や中等度以上の難聴の場合は，聴力の程度に合わせた**補聴機器**の選択を検討する。近年は，難聴の程度が軽度や中等度であっても補聴器の装用が推奨されており，軽度・中等度の難聴児が補聴器等を購入するための助成制度も設けられている。

<aside>
補聴機器
聴覚障害児者の聴力を補うために用いられる機器。
</aside>

　補聴器の作製および装用に向けては，一般的には医療機関内に設けられた補聴器外来の中で，認定補聴器技能者と協力しながら進めていく。補聴支援の中で最も重要なことは養育者への説明である。医療機関を受診した時点では，わが子の聴力に問題があるとは想定していない養育者も少なくないため，養育者の気持ちに寄り添いながら，難聴がどの程度のものなのか，それが言語発達や構音獲得，行動などのほかの側面にどう影響を及ぼすのかなどを，ていねいに説明していく必要がある。

２）一側性難聴に対する支援

　両側性難聴だけでなく，一側性難聴に対する支援も重要な役割である。従来，片側の聴力が正常であれば日常生活や発達において大きな支障はないとされてきたが，近年の研究において，一側性難聴は騒音下における**語音聴取能**が低下するだけでなく，言語発達が遅れる可能性についても指摘されている。一側性難聴は両側性難聴と比較すると，片側の聴力が正常であるために日常会話や生活環境音への反応が良好であり，本人の困り感も明確でないことが多いため，難聴そのものが発見されにくい傾向がある。近年は，新生児聴覚スクリーニング検査の普及により，出生後早期に発見されるケースが増えてきているものの，未だ就学前健診や就学後の学校健診で発見されるケースも存在するのが実状である。その場合，医療機関では養育者に対して，医師による基本的な説明とともに，言語聴覚士が一側性難聴で生じ得る問題や発達に対する影響の可能性と具体的な支援方法などについての説明を行う。また，子どもの年齢や社会参加状況に応じて，**補聴援助システム**などの活用も検討していく。さらには，一側性難聴児が利用する保育施設や教育機関に対して，養育者と同様に一側性難聴についての説明とその具体的な支援方法などを指導していくことも重要な役割である。また，実際に補聴機器の活用を始めた後も，装用状況や聴力変化の確認をはじめとする聴覚管理と，聴力以外の問題が生じていないかなどの評価を定期的に行う。

<aside>
語音聴取能
日本語の言語音を正しく聴き取る能力。
</aside>

<aside>
補聴援助システム
p.50参照。
</aside>

（3）難聴以外の問題を併せもつ子どもに対する言語聴覚士の役割

　初期評価で認知発達，言語発達，構音，行動など聴覚以外に何らかの問題が疑われた場合，より詳細な内容を把握するために精査を行い，具体的な支援・指導方法を検討する。そのうえで，認知発達や言語発達に遅れが認められた場

合，構音の誤りを認めた場合など，子どもの生活年齢や発達レベルに応じた指導を行う。

1）幼児期と学童期における主な役割

　幼児期前期の子どもで補聴機器の装用に至ってない場合は，できる限り早期の装用と習慣化を図る必要がある。そのうえで，言語の基盤となる認知発達の促進を目的とした課題を行うとともに，言語課題では言語表出よりも言語理解に比重を置き，**生活言語**（生活言語能力：BICS）を中心とする語彙の拡大や指示理解の促進を図る。また積極的に聴覚を活用させ，聴覚情報処理能力の向上を目標とした指導を行う（表2-7）。

　幼児期後期の子どもには，必要な補聴支援や聴覚管理を継続しながら，言語訓練では生活言語に加え，徐々に**学習言語**（学習言語能力：CALP）の導入も図る。さらには，学習した語彙を用いながら，文レベルや会話レベルでのことばの表現の向上を目標とした指導も行う。その際には，幼児期前期と同様に積極的な聴覚活用も意識して課題に取り組む。さらに幼児期後期は，就学に向けた準備を進めていくことも重要である。難聴のタイプや程度に合わせて，補聴援助システムの活用や学校に依頼する聴覚補償および情報保障の内容についても検討していく。

　学童期以降になると，社会生活の中心が「学校」という枠組みに移行し，その中で学習が大きな比重を占めるため，医療機関の果たす役割も変化する。具体的には，子どもの有する問題点や課題を整理し，専門的な立場からその課題に対する支援方法を提案し，その導入を訓練で行い，養育者指導を通して家庭で実践してもらい，日常生活への**般化**を図ることが中心になる。また，学校に対して，定期的な評価結果などの情報を提供し，訓練内容や経過を説明し連携を図ることも同様に重要な役割である。

生活言語
日常生活を送るうえで一般的に必要となる身近な言語であり，学習言語の基盤となるもの。

学習言語
学問を論理的に学ぶうえで必要な言語で，生活言語よりも高度かつ複雑なものである。

般　化
特定の条件下だけでなく，類似した条件下でも同様の反応が認められるようになること。

表 2-7　幼児期・学童期における言語聴覚士の役割

発達段階	補聴支援・聴覚管理	訓練・指導
幼児期前期 （2〜4歳ごろ）	・定期的な聴力確認 ・補聴機器の選択 ・補聴機器装用の習慣化への支援	・認知発達の促進 ・生活言語の拡大 ・聴覚情報処理能力の向上 ・具体的な家庭課題の提案
幼児期後期 （5〜6歳ごろ）	・定期的な聴力確認 ・就学に向けた準備 ・補聴援助システムの準備 ・聴覚補償と情報保障の依頼	・学習言語の導入 ・ことばの表現力の向上 ・聴覚情報処理能力の向上 ・構音訓練
学童期 （就学以降）	・定期的な聴力確認 ・補聴機器の状態や使用状況の確認 ・補聴機器以外の補助手段の確立	・学習言語の拡大，語用の学習 ・構音訓練 ・社会生活における課題の整理 ・評価結果や訓練経過の情報提供

2）聴覚障害児が構音に誤りを認める場合の支援

　難聴に加えて構音に問題が認められた場合，子どもの言語発達が4歳以上であれば，聴覚に対する評価と補聴支援を行ったうえで，一般的な構音の獲得時期と照らし合わせながら構音訓練を開始する。構音訓練は主に目的とする音の「正しい聞き分け」と「正しい産生」で構成されており，正確に聞き分けができないままではその音を産生することは困難である。聴覚障害児は聞こえに問題があるため，より重要になるのは前者である。

　言語音の周波数成分は音によって異なる。例えば，母音は低音域の周波数を主成分としており，「サ行」や「ツ」などの子音部分は高音域の周波数を主成分としている。そのため，高音域の聴力が低下していれば，「サ行」や「ツ」などの音の聞き分けは容易ではない。そこで，補聴機器で聴力の補償を行ったうえで，まずは音の正誤弁別を重点的に練習する。それがおおむね可能となってきたら，徐々に音の産生に比重を移行していくが，それ以降も音の正誤弁別は慎重に確認していくことが重要である。

　音の産生訓練は，聴覚障害児が視覚的に確認できるように，目標とする音の正しい**構音点**（調音点）のモデルを示しながら，自身の構音操作も鏡などを用いて確認させる。そして，単音で正しい音の産生ができるようになってきたら，単語，文，会話へと段階を経て，般化に向けた系統的な構音訓練を行っていく。その後，言語聴覚士が子どもの発話明瞭度の改善を確認し，さらに養育者からの聞き取りなどを通して日常生活での般化を認めた場合に構音訓練を終了する。

　また，訓練が終了した後も，獲得した構音に音の歪みを認めないか，**異常構音**が出現していないかなどを，聴覚管理と併せて確認する。異常構音を認めた場合は，通常の構音の誤りに比べ，改善までに時間を要することも多い。しかし，それを確実に把握し，可能な限り正常な構音を習得させることが医療機関における言語聴覚士の役割である。

言語音の周波数成分
音を特徴づけるうえで，また語音弁別のうえで重要となる周波数帯域。フォルマントともいう。

構音点
口唇や舌などの構音器官を使って特定の音をつくり出す位置をさす。

異常構音
通常の構音の発達過程ではみられない誤りで，側音化構音，口蓋化構音，鼻咽腔構音，声門破裂音などがある。

演習課題

1．補聴器の種類にはどのようなものがあるか，まとめてみよう。
2．自分の市区町村の「補装具支給制度」や「軽度中度難聴児補聴購入助成事業」を調べてみよう。
3．人工内耳はどのような難聴者に適応されるかまとめてみよう。
4．人工内耳の基本的な原理と仕組をまとめてみよう。
5．一側性難聴児の抱える問題と対処法を検討してみよう。
6．聴覚活用の評価方法を経時的に考えてみよう。
7．言語評価をするうえでの聴覚障害の影響をどのように配慮するか考えてみよう。
8．手話の種類と使用方法についてまとめてみよう。
9．聴覚障害教育におけるコミュニケーション手段にはどのようなものがあるか調べてみよう。
10．聴覚口話法とはどのようなものかを説明してみよう。

11.　キュード・スピーチとはどのようなものかを説明してみよう。

12.　聞えに問題がある人の支援において，医療機関の言語聴覚士が果たしている役割についてまとめてみよう。

参考文献

[1]・教師のためのガイドブック　学校生活ときこえ，フォナック社
・関谷芳正監修：よくわかる補聴器選び2018，ヤエスメディアムック
・補聴器のやさしい解説：日本耳鼻咽喉科学会ホームページ
・ボタン電池回収サイト：一般社団法人　電池工業会ホームページ

[2]・中村公枝・城間将江・鈴木恵子編：聴覚障害学，医学書院，2015.
・城間将江・氏田直子・井脇貴子・中村淳子：人工内耳装用児と装用者の学習，学苑社，1996.
・日本耳鼻咽喉科学会HP　www.jibika.or.jp/citizens/hochouki/naiji.html：人工内耳について

[4]・中村公枝他編：聴覚障害学第2版，医学書院，2015.
・大沼直紀監修：教育オーディオロジーハンドブック，ジアース教育新社，2017.
・州崎春海編著：サクセス耳鼻咽喉科，金原出版，2017.
・深浦順一他編：言語聴覚療法　臨床マニュアル，協同医書出版，2014.
・深浦順一他編：言語聴覚療法技術ガイド，文光堂，2014.

[5]・津守真他：乳幼児精神発達診断法　0歳〜3歳まで，大日本図書，1995.
・津守真他：乳幼児精神発達診断法　3歳〜7歳まで，大日本図書，1995.
・遠城寺宗徳：遠城寺式　乳幼児分析的発達検査法　九州大学小児科改訂新装版，慶應義塾大学出版会，2009.
・Wechsler D，日本版WPPSI-Ⅲ刊行委員会：WPPSI-Ⅲ知能検査，日本文化科学社　2017.
・Wechsler D，日本版WISC-Ⅳ刊行委員会：WISC-Ⅳ知能検査，日本文化科学社　2011.
・Kirk, S. A. 他（原著），旭出学園教育研究所，上野一彦他（日本語版著）：ITPA言語学習能力診断検査，日本文化科学社，1992.
・田中教育研究所：田中ビネー知能検査Ⅴ，田研出版，2003.

[6]・本名信行・加藤三保子：手話を学ぶ人のために〜もうひとつのことばの仕組みと働き，全日本ろうあ連盟，2017.
・全国聾学校長会教育課程第二部会編：聾学校における専門性を高めるための教員研修用テキスト第5版，全国聾学校長会，2011.
・都築繁幸：聴覚障害教育コミュニケーション論争史，御茶の水書房，1997.
・木村晴美・市田泰弘：改訂新版はじめての手話，生活書院，2015.
・高田英一：手話からみた言語の起源，文理閣，2013.

[7]・全国聾学校長会専門性充実部会編：聾学校における専門性を高めるための教員研修用テキスト，全国聾学校校長会，2011.
・草薙進郎・四日市章編著：聴覚障害児の教育と方法，コレール社，1996.
・都築繁幸：聴覚障害幼児のコミュニケーション指導，保育出版社，1998.

[8]・立石恒雄・木場由紀子：言語聴覚士のための子どもの聴覚障害訓練ガイダンス，医学書院，2004.
・深浦順一・内山千鶴子：言語聴覚士のための臨床実習テキスト，建帛社，pp. 47－50，p. 138－152，2017.
・我妻敏博：聴覚障害児の言語指導〜実践のための基礎知識〜，田研出版，2003.

第3章
聴覚障害児の教育課程・指導法

 教育課程

1 聴覚特別支援学校の教育課程

（1）教育課程とは

　教育課程とは，学校教育の目標を達成するために，教育の内容を幼児児童生徒の心身の発達に応じて，授業時間との関連において総合的に組織した教育計画のことである。その際，学校の教育目標の設定，指導内容の組織および授業時数の配当が基本的な要素になる。つまり，「みずから学ぶ」「やさしい心」「元気な身体」といった教育目標を掲げている学校においては，その具現化に向けて，どのような内容をどれくらいの時間配分で行っていくのかを明確にしたものが教育課程である。

　したがって，教育課程は幼児児童生徒の障害等の状態や特性等，および心身の発達の段階等，ならびに学校や地域の実態に応じて柔軟に編成・実施・評価が行われることが大切である。また，教育活動を効果的に展開するためには教員の創意工夫によるところが大きく，そのよりどころとなる教育課程は，それぞれの学校によって特色がある。

　一方，教育は**公の性質**を有するものであるため，一定の水準を確保し，全国どこにおいても同水準の教育を受ける機会を保障することが要請されている。そのため，学校の教育の目的や目標を達成するために編成される教育課程は国としての基準を設けて，統一性を保つことが必要となる。この基準となるものが**学習指導要領**である。

　聴覚特別支援学校においても，小・中学校等と同様に，学習指導要領に示されている内容は，すべての児童生徒等に対して確実に指導しなければならない。同時に，個に応じた指導を充実する観点から，必要がある場合には，学習状況等その実態に応じて各学校の判断により，学習指導要領に示されていない内容

公の性質
学校の事業の性質が公のものであり，それが国家公共の福利のために尽くすことを目的とすべきものである。

学習指導要領
文部科学省が告示する初等・中等教育における教育課程の基準。なお，幼稚園については，幼稚園教育要領が定められている。

を加えて指導することも可能である（学習指導要領の「基準性」）。

　各学校においては，国としての統一性を保つために必要な限度で定められた基準に従いながら，創意工夫を加えて，教育課程を責任をもって編成・実施することが必要である。

（２）教育課程の編成における共通的事項と聴覚障害に関する事項

聴覚障害者である児童
学校教育法施行令第22
条の3に規定されている。
p. 12参照。

　聴覚障害者である児童に対する教育を行う特別支援学校の小学部の各教科の目標，各学年の目標および内容ならびに指導計画の作成と内容の取り扱いについては，小学校学習指導要領に示されているものに準ずることとなっている。同様に，中学部の各教科の目標，各学年，各分野または各言語の目標および内容ならびに指導計画の作成と内容の取り扱いについても，中学校学習指導要領に示されているものに準ずることとしている。

　ここでいう「準ずる」とは，原則として同一ということを意味している。しかしながら，指導計画の作成と内容の取り扱いについては，小学校または中学校の学習指導要領に準ずるのみならず，児童生徒の障害の状態や特性および心身の発達の段階等を十分考慮しなければならない。

　このようなことから，各教科等の指導を行う際には，小学校または中学校の学習指導要領解説のそれぞれの教科の説明に加え，聴覚障害者である児童生徒に対する教育を行う特別支援学校に必要とされる指導上の配慮事項に示された6点を十分に踏まえたうえで，適切に指導を行う必要がある。

特別支援学校小学部・中学部学習指導要領（文部科学省，平成29年4月公示）
第2章第1節第1款2　聴覚障害者である児童に対する教育を行う特別支援学校
⑴　体験的な活動を通して，学習の基盤となる語句などについて的確な言語概念の形成を図り，児童の発達に応じた思考力の育成に努めること。
⑵　児童の言語発達の程度に応じて，主体的に読書に親しんだり，書いて表現したりする態度を養うよう工夫すること。
⑶　児童の聴覚障害の状態等に応じて，音声，文字，手話，指文字等を適切に活用して，発表や児童同士の話し合いなどの学習活動を積極的に取り入れ，的確な意思の相互伝達が行われるよう指導方法を工夫すること。
⑷　児童の聴覚障害の状態等に応じて，補聴器や人工内耳等の利用により，児童の保有する聴覚を最大限に活用し，効果的な学習活動が展開できるようにすること。
⑸　児童の言語概念や読み書きの力などに応じて，指導内容を適切に精選し，基礎的・基本的な事項に重点を置くなど指導を工夫すること。
⑹　視覚的に情報を獲得しやすい教材・教具やその活用方法等を工夫するとともに，コンピュータ等の情報機器などを有効に活用し，指導の効果を高めるようにすること。
（注）中学部は児童を生徒に読み替え

（3）聴覚特別支援学校の学習指導要領の歴史的な変遷

　教育課程の基準となる聴覚特別支援学校の学習指導要領は，1957年に小・中学部，1960年に高等部が作成され，これまで7回の改訂と2回の一部改正が行われている。その概要は，表3-1のとおりである。

　戦後，学校教育法の施行によって，聾学校の教育の目的は「幼稚園，小学校，中学校又は高等学校に準ずる教育を施し，合わせてその欠陥を補うために必要な知識技能を授ける」と規定された。さらにその教育課程は，1948年の学校教育法施行規則の改正によって「学習指導要領の基準による」と定められた。

　ところが，1947年に当時の文部省が編集した学習指導要領一般編（試案）には特殊教育諸学校についての言及が全くされておらず，1951年の改訂版でも事情は同じであった。そこで，当時の聾学校関係者は，小学校や中学校の学習指導要領一般編（試案）や解説書を参考にして教育課程を編成していた。文部省においても聾学校教育課程研究協議会を設置し，教育課程の立案編成を行い，この案が資料として財団法人青鳥会によって1951年に出版された。この「青鳥会案」といわれた「聾学校教育課程小学部編」は，聾学校において教育課程編成の素案として活用され，その後の学習指導要領の基礎となった。

表 3-1　聴覚特別支援学校の学習指導要領の変遷

1957（昭和32）年 1960（昭和35）年	ろう学校小学部・中学部学習指導要領一般編（事務次官通達） 聾学校高等部学習指導要領一般編（事務次官通達）
1964（昭和39）年 1965（昭和40）年 1966（昭和41）年	聾学校学習指導要領小学部編　制定 聾学校学習指導要領中学部編　制定 聾学校学習指導要領高学部編　制定
1971（昭和46）年 1972（昭和47）年	聾学校学習指導要領小・中学部編　改訂 聾学校学習指導要領高学部　改訂
1979（昭和54）年	盲学校・聾学校及び養護学校小学部・中学部学習指導要領　改訂 盲学校・聾学校及び養護学校高等部学習指導要領　改訂
1989（平成元）年	盲学校・聾学校及び養護学校幼稚部教育要領　制定 盲学校・聾学校及び養護学校小学部・中学部学習指導要領　改訂 盲学校・聾学校及び養護学校高等部学習指導要領　改訂
1999（平成11）年	盲学校・聾学校及び養護学校幼稚部教育要領　改訂 盲学校・聾学校及び養護学校小学部・中学部学習指導要領　改訂 盲学校・聾学校及び養護学校高等部学習指導要領　改訂
2003（平成15）年	盲学校・聾学校及び養護学校小学部・中学部学習指導要領　一部改正 盲学校・聾学校及び養護学校高等部学習指導要領　一部改正
2009（平成21）年	特別支援学校幼稚部教育要領　改訂 特別支援学校小学部・中学部学習指導要領　改訂 特別支援学校高等部学習指導要領　改訂
2015（平成27）年	特別支援学校小学部・中学部学習指導要領　一部改正
2017（平成29）年	特別支援学校幼稚部教育要領　改訂 特別支援学校小学部・中学部学習指導要領　改訂
2019（平成31）年	特別支援学校高等部学習指導要領　改訂

　資料）文部省：特殊教育百年史，1978．より作表

表 3-2　聴覚特別支援学校に関する学習指導要領のポイント

昭和32年・35年学習指導要領 ・聾学校の教育目標が明記 ・指導時数の弾力化及び重複障害者等への配慮事項を明記 ・高等部の各課程（聾学校における），木材工芸，印刷，被服，**理容**，普通の目標・科目等が明記
昭和39年・40年・41年学習指導要領 ・事務次官通達から文部省告示へ ・教育目標が具体的に明記 ・特別の教育課程が明記（重複障害に対する特例）
昭和46年・47年学習指導要領 ・教育目標が障害別に明記 ・「養護・訓練」（現在の自立活動）の領域新設 ・重複障害者等に係る教育課程編成の弾力化 　（下学年の内容と代替，各教科等に変えて「養護・訓練」を主にした指導）
昭和54年学習指導要領 ・重複障害者等に係る教育課程の一層の弾力化 ・小・中学部の訪問教育に係る教育課程編成の特例を明記 ・「養護・訓練」の授業時数の卒業単位数への換算
平成元年学習指導要領 ・幼稚部の教育要領を初めて制定 ・「養護・訓練」の内容を再構成（4区分から5区分へ）
平成11年学習指導要領 ・「養護・訓練」が「自立活動」になり目標・内容の改善 ・3歳未満の乳幼児を含む教育相談に関する事項を新たに規定 ・重複障害幼児に関する指導上の配慮事項 ・高等部の専門教科・科目について科目構成の大綱化
平成21年学習指導要領 ・学校教育法の一部改正に伴い，初めての特別支援学校学習指導要領 ・障害の重度・重複化・多様化に対応 ・「自立活動」に「人間関係の形成」が加わり6区分へ
平成29年・31年学習指導要領 ・学びの連続性 ・一人一人に応じた教育 ・自立と社会参加に向けた教育

資料）中央教育審議会初等中等教育分科会教育課程部会特別支援教育専門部会第1回配付資料　資料7戦後の盲学校，聾学校及び養護学校の教育課程の変遷，平成18年．より作表

理　容
1967年には830人を超える学生が理容科に在籍。

　1957年以降の主に聴覚特別支援学校に関係する学習指導要領のポイントは，表3-2のとおりである。

（4）自立活動の変遷

　現在，聴覚特別支援学校の教育課程は，各教科，特別の教科道徳，外国語活動，総合的な学習の時間，特別活動および自立活動で編成されている。自立活動以外の内容は小学校等に準じているため，ここでの説明は省く。自立活動の

変遷および教育課程の編成については後述する。

2　聴覚障害教育における指導の形態

（1）学校教育におけるコミュニケーション−明治・大正

　聴覚に障害があると，その程度はさまざまではあるが親子，友人間でのコミュニケーション形成が困難になる。コミュニケーションが十分かつ活発に行われない場合，他者との愛着・信頼関係の形成が遅れたり不十分になることが考えられる。また，言語獲得期における聴覚障害は，話しことばの習得や知的発達にも何らかの影響を及ぼす。

　そのため聴覚障害教育においては，どのように情報の入力を保障するのかということについて，コミュニケーションのあり方の検討・選択が行われてきた。

　日本の学校としての聴覚障害教育は，1878年，**古河太四郎**により開設された**京都盲唖院**に始まるとされている。古河は発音が可能な者には発音指導を行い，言語を発しない者には手真似と文字を用いて教育を行った。

　1880年に開校となった東京の**楽善会訓盲院**においては，イタリアのミラノにおける聴覚障害教育国際会議の報告から，発音指導や聴音器による聴力を利用した聴覚活用による教育を試みたが，成果が上がらず，手話，筆談を主とした教育を行っていた。

　その後，一部の先進的な学校では，手話・筆談による教育の限界を感じ，指文字，発音指導，読唇にも注目するようになり，聴覚障害教育にさまざまな指導法が取り入れられるようになった。

　その後，大正時代に入ると名古屋市立盲唖学校では筆談学級と口話学級を分けて，発音指導と読唇指導を併行して行う口話法による指導が前進した。このころには京都校，小樽校，大阪市立，長崎校などでも発音指導の研究が盛んに行われた。1920年４月には，宣教師ライシャワー夫妻によって，アメリカで行われている口話法による教育を実践するための**日本聾話学校**が設立された。このようなことが後の聾学校における口話指導の実施と発展に大きな影響を与えた。

　現在のように手話が普及しておらず，聾学校を卒業したあとの社会自立の際には，筆談・発話・読話によるコミュニケーションが必要であったというような時代背景も口話法普及の推進力となった。

（2）学校教育におけるコミュニケーション−昭和

　第２次世界大戦後の聴覚障害教育は，学校教育法によって聾学校と難聴特殊学級がその役割を担うことになった。1947年，**東京教育大学附属聾学校**幼稚部に初めて集団補聴器が備えられ，聴覚活用を伴う教育が始まった。併せて，聴

古河太四郎
（1845~1907）
日本最初の特別支援学校である京都盲唖院の初代校長。

京都盲唖院
現在の京都盲学校，京都聾学校。

楽善会訓盲院
中村正直，津田仙，山尾庸三らによって開設され，聾児も対象とし，1884年には訓盲唖院となる。現在の筑波大学附属視覚特別支援学校，聴覚特別支援学校。

日本聾話学校
ライシャワー夫妻の長女が，幼くして聴力を失いその教育を行うために設立された学校。

東京教育大学附属聾学校
現在の筑波大学附属聴覚特別支援学校。

力測定室，オージオメータなどの聴能機器が設置され，聴覚を積極的に活用した指導の実践研究が続けられた。1948年ごろ，アメリカのベル研究所においてトランジスタが開発され，個人用補聴器，集団補聴器等の性能の向上，小型化が急速に進んでいくことも，聴覚を活用する指導法を後押しした。

学年進行による義務化
盲学校および聾学校の義務化は1948～1956年までの9年間かけて行われた。

1948年から聾学校は**学年進行による義務化**となり，在籍者は急増した。教育環境の整備，聴能学および補聴機器の性能向上に伴って，1950年代後半～1970年代前半には聾学校の教育は，**聴覚口話法**の体制に向かった。

聴覚口話法
読話および発音・発語と聴覚活用を併用したコミュニケーション方法。

また，文部省は1962年度から聾学校幼稚部の設備補助を進め，幼稚部の計画的な設置が始まり，5歳児・4歳児学級の設置，1969年度からは3歳児学級の設置が全国的に進められるようになった。

このようにして戦前からの口話法による指導は，聴覚活用と早期教育の相互的な成果を期待して，聴覚口話法として全国の聾学校教育で実践されることになった。

一方，義務化に伴って，聾学校にはさまざまなニーズが必要な児童生徒が在籍することになり，教育の実際においては，聴覚口話法だけでなく個々の実態に応じたコミュニケーションの利用がみられるようになった。

1968年，栃木県立聾学校では口話，指文字，手話の同時使用によってコミュニケーションを行う同時法を採用した。

キュード・スピーチ
p.59，60参照。

同じころ，京都府立聾学校幼稚部では口形と符牒（ふちょう）（形と動き）の組み合わせによる，音韻や後の形態弁別を可能とする方法として，**キュード・スピーチ**を導入し指導を行った。この方法は奈良県立聾学校，千葉県立聾学校等でも採用され，その後，キュード・スピーチを導入する聾学校は増加した。

（3）学校教育におけるコミュニケーション－平成

バイリンガル・バイカルチュアル教育
p.61参照。

1980年代から，北欧やアメリカ合衆国において主張されるようになった**バイリンガル・バイカルチュアル教育**の考え方は，日本においても学校教育におけるコミュニケーション手段のあり方を検討する契機となった。

この考え方では聴覚障害を病理的なものとしてとらえるのではなく，聴覚障害児者を手話という言語を使用する言語的・文化的マイノリティの枠組みで規定することを提唱している。

そこで，文部省は，1991年に聴覚障害児のコミュニケーション手段に関する調査研究協力者会議を設け，聾学校等で用いられるコミュニケーション手段の選択・活用についての検討を行い，1993年，その報告書がまとめられた。報告書では，手話をコミュニケーション手段として，主に中学部・高等部の教育において活用することに道を開いた。

こうして，高等部においては1999年の学習指導要領，小・中学部においては2009年学習指導要領の各教科等の配慮事項に，手話の適切な活用についてが明

記されることとなる。

　一方，1990年代後半に入って，重度聴覚障害児に音声情報を電気信号に変換して届ける人工内耳が急速に普及した。

　全国聾学校長会の調査によると2017年度は，聴覚特別支援学校に在籍する31％の幼児児童生徒が人工内耳を使用しており，両耳装用の幼児児童生徒の比率も年々高くなっている。

　人工内耳を装用している幼児児童生徒の中には，聴覚特別支援学校を学びの場に選択せず，地域の小・中学校に就学している者も多い。

　また，2008年には日本手話による教育を行う私立明晴学園が開校し，日本語とともに手話を重視する教育実践を行っている。

明晴学園
構造改革特区制度によって2008年東京に開校。学習指導要領の「聴覚活用」の実施の免除，国語・音楽科の代わりに「日本語」「手話」の教育を行う。コラム p.61参照。

（4）聴覚特別支援学校におけるコミュニケーション

　これまで，聴覚障害教育においては，音声や手話，指文字，キュード・スピーチ等のコミュニケーションの手段についての論争（特に「手話」がよいか「口話」がよいか）が繰り返されてきたが，その結論は得られていない。また，この問題は聴覚障害の状態，生活環境，本人および保護者の考え方等によって正解を出すことはきわめて難しい問題である。

　しかし，聴覚障害児にとって，どれかひとつのコミュニケーション手段だけで，すべての情報を得ることができるという唯一万全のものは存在しない。人工内耳にしても大人数集団の中では聞き漏らしが生じ，手話にしても視界に入らない部分の情報を得ることが難しい。

　コミュニケーションの手段の選択と活用にあたっては，それぞれの手段がもつ特徴と，それを用いる幼児児童生徒の障害の状態や発達の段階等を考慮することが大切である。また，公立学校においては，幼児児童生徒が将来，さまざまな状況に応じて主体的にコミュニケーションの手段の選択と活用を図ることができるようにするために，多様なコミュニケーションの手段を積極的に用いて，自分自身での選択と活用ができる力を育てることが求められている。

3　重複障害児者に関する教育課程

（1）聴覚特別支援学校における重複障害児の教育の歴史

　聴覚障害以外に視覚障害，知的障害，肢体不自由などの障害を併せ有する重複障害児の教育は，日本では1950年ごろから，一部の学校，教員が実践を試みていた。しかし，当時は養護学校が義務化されていなかったことから，重度の知的障害を伴う児童生徒は就学猶予・免除の対象となり，聾学校に入学する者は限られていた。

　1960年代になって，東京や広島などで重複障害児の特別学級の設置が認可さ

一部の学校
大塚聾学校，山梨ろう学校，京都聾学校，大阪府立聾学校など。
就学猶予・免除
現在は特別支援学校制度が完備し，就学猶予・免除を受ける者はごく限られているが，戦後は4万人近くが対象となっていた。

れるようになり，対象児童生徒の多い，聴覚障害と知的障害を併せ有する児童生徒の教育可能性に関心がもたれ始めた。文部省は1966年から重複学級を編成して教育を行う聾学校を奨励するとともに，設備費の補助を行うようになった。こうして1970年代になると，聾学校での重複障害児の受け入れ体制の整備とともに，次第に重複障害の児童生徒の在籍が増え，全国的にもこの分野の教育実践が前進した。その後，1979年の養護学校の義務化とともに，聾学校においても重複学級が置かれ，多くの学校で実践が行われるようになった。

（2）重複障害者等に関する教育課程

　現在，聴覚特別支援学校には，聴覚障害と知的障害，聴覚障害と自閉症，聴覚障害と肢体不自由などの障害を併せ有する児童生徒が**重複障害学級**で学んでいる。この場合，小学校等に準じて教育を行うことが難しいことから，特別支援学校小学・中学・高等部学習指導要領（以下，特支学習指導要領）には「重複障害者等に関する教育課程の取扱い」の規定があり，障害を併せ有する児童生徒のニーズに合わせた教育を行うことが可能になっている。

　しかし，重複障害者である児童生徒は，全員が自立活動を主とした教育課程で学ぶことや，最初から各教科等を合わせた指導だけを行うことを前提とする考えは避けなければならない。障害が重度であったとしても，各教科等それぞれの目標および内容を踏まえ，個別の指導計画等を活用した教育課程の編成が求められている。

　なお，「重複障害者」とは当該学校に就学することになった障害以外に他の障害を併せ有する児童生徒であり，原則的には学校教育法施行令第22条の3に示された程度の視覚障害，聴覚障害，知的障害，肢体不自由および病弱の複数を併せ有する者をさしている。

　しかし，教育課程を編成するうえで，以下に示す規定を適用するにあたっては，指導上の必要性から，必ずしも5障害に限定しているわけではなく，言語障害，自閉症，情緒障害等を併せ有する場合も含めて考えてもよいこととなっている。

　特支学習指導要領の「重複障害者等に関する教育課程の取扱い」の主な内容は次のとおりとなっている。高等部は義務教育ではないため，全部を取り扱わないという状況は想定していない。

重複障害学級
特別支援学校の学級定数は6人であるが重複障害学級は3人。

【特別支援学校小学部・中学部学習指導要領　重複障害者等に関する教育課程の取扱い　まとめ】
1 ）各教科及び外国語活動の目標及び内容に関する事項の一部を取り扱わないことができる。
2 ）各教科の各学年の目標及び内容の一部又は全部を，当該各学年より前の各学年の目標及び内容の一部又は全部によって，替えることができる。また，道徳科の各学年の内容の一部又は全部を，当該各学年より前の学年の内容の一部又は全部によって，替えることができる。
3 ）視覚障害者，聴覚障害者，肢体不自由者又は病弱者である児童に対する教育を行う特別支援学校の小学部の外国語科については，外国語活動の目標及び内容の一部を取り入れることができる。
4 ）中学部の各教科及び道徳科の目標及び内容に関する事項の一部又は全部を，当該各教科に相当する小学部の各教科及び道徳科の目標及び内容に関する事項の一部又は全部によって，替えることができる。
5 ）中学部の外国語科については，小学部の外国語活動の目標及び内容の一部を取り入れることができる。
6 ）幼稚部教育要領に示す各領域のねらい及び内容の一部を取り入れることができること。
7 ）知的障害を併せ有する者については，各教科の目標及び内容に関する事項の一部又は全部を，知的障害者である児童又は生徒に対する教育を行う特別支援学校の各教科の目標及び内容の一部又は全部によって，替えることができる。また，小学部の児童については，外国語活動の目標及び内容の一部又は全部を知的障害者である児童に対する教育を行う特別支援学校の外国語活動の目標及び内容の一部又は全部によって，替えることができる。
　　したがって，この場合，小学部の児童については，外国語科及び総合的な学習の時間を，中学部の生徒については，外国語科を設けないことができる。
8 ）重複障害者，療養中の児童若しくは生徒又は障害のため通学して教育を受けることが困難な児童若しくは生徒に対して教員を派遣して教育を行う場合について，実情に応じた授業時数を適切に定めることができる。

【特別支援学校高等部学習指導要領　第 8 款　重複障害者等に関する教育課程の取扱い】
1 　生徒の障害の状態により特に必要がある場合には，次に示すところによるものとする。
⑴ 　各教科・科目（知的障害者である生徒に対する教育を行う特別支援学校においては各教科。）の目標及び内容の一部を取り扱わないことができること。
⑵ 　高等部の各教科・科目（知的障害者である生徒に対する教育を行う特別支援学校においては各教科。）の目標及び内容の一部を，当該各教科・科目に相当する中学部又は小学部の各教科の目標及び内容に関する事項の一部によって，替えることができること。
⑶ 　視覚障害者，聴覚障害者，肢体不自由者又は病弱者である生徒に対する教育を行う特別支援学校の外国語科に属する科目及び知的障害者である生徒に対する教育を行う特別支援学校の外国語科については，小学部・中学部学習指導要領に示す外国語活動の目標及び内容の一部を取り入れることができること。

2　知的障害者である生徒に対する教育を行う特別支援学校の高等部に就学する生徒のうち，高等部の2段階に示す各教科の内容を習得し目標を達成している者については，高等学校学習指導要領第2章に示す各教科・科目，中学校学習指導要領第2章に示す各教科又は小学校学習指導要領第2章に示す各教科及び第4章に示す外国語活動の目標及び内容の一部を取り入れることができるものとする。また，主として専門学科において開設される各教科の内容を習得し目標を達成している者については，高等学校学習指導要領第3章に示す各教科・科目の目標及び内容の一部を取り入れることができるものとする。

3　視覚障害者，聴覚障害者，肢体不自由者又は病弱者である生徒に対する教育を行う特別支援学校に就学する生徒のうち，知的障害を併せ有する者については，次に示すところによるものとする。

(1)　各教科・科目の目標及び内容の一部又は各教科・科目を，当該各教科・科目に相当する第2章第2節第1款及び第2款に示す知的障害者である生徒に対する教育を行う特別支援学校の各教科の目標及び内容の一部又は各教科によって，替えることができること。この場合，各教科・科目に替えて履修した第2章第2節第1款及び第2款に示す各教科については，1単位時間を50分とし，35単位時間の授業を1単位として計算することを標準とするものとすること。

(2)　生徒の障害の状態により特に必要がある場合には，第2款の3の(2)に示す知的障害者である生徒に対する教育を行う特別支援学校における各教科等の履修等によることができること。

(3)　校長は，(2)により，第2款の3の(2)に示す知的障害者である生徒に対する教育を行う特別支援学校における各教科等を履修した者で，その成果がそれらの目標からみて満足できると認められるものについて，高等部の全課程の修了を認定するものとすること。

4　重複障害者のうち，障害の状態により特に必要がある場合には，次に示すところによるものとする。

(1)　各教科・科目若しくは特別活動（知的障害者である生徒に対する教育を行う特別支援学校においては，各教科，道徳科若しくは特別活動。）の目標及び内容の一部又は各教科・科目若しくは総合的な探究の時間（知的障害者である生徒に対する教育を行う特別支援学校においては，各教科若しくは総合的な探究の時間。）に替えて，自立活動を主として指導を行うことができること。この場合，実情に応じた授業時数を適切に定めるものとすること。

(2)　校長は，各教科・科目若しくは特別活動（知的障害者である生徒に対する教育を行う特別支援学校においては，各教科，道徳科若しくは特別活動。）の目標及び内容の一部又は各教科・科目若しくは総合的な探究の時間（知的障害者である生徒に対する教育を行う特別支援学校においては，各教科若しくは総合的な探究の時間。）に替えて自立活動を主として履修した者で，その成果がそれらの目標からみて満足できると認められるものについて，高等部の全課程の修了を認定するものとすること。

5　障害のため通学して教育を受けることが困難な生徒に対して，教師を派遣して教育を行う場合については，次に示すところによるものとする。

(1)　1，2，3の(1)若しくは(2)又は4の(1)に示すところによることができること。

(2)　特に必要がある場合には，実情に応じた授業時数を適切に定めること。

(3)　校長は，生徒の学習の成果に基づき，高等部の全課程の修了を認定することができること。

　6　療養中の生徒及び障害のため通学して教育を受けることが困難な生徒について，各教科・科目の一部を通信により教育を行う場合の1単位当たりの添削指導及び面接指導の回数等（知的障害者である生徒に対する教育を行う特別支援学校においては，通信により教育を行うこととなった各教科の一部の授業時数に相当する添削指導及び面接指導の回数等。）については，実情に応じて適切に定めるものとする。

　聴覚障害以外の障害が重複する児童生徒の教育をどの特別支援学校で行うのかということについては，主たる障害が何かということとともに，児童生徒および保護者の教育的ニーズを正しく評価することが必要である。その際，異なる障害種の特別支援学校が連携して，実態把握および教育相談を行い，児童生徒に必要な教育の内容や施設・設備等をていねいに検討し，当該児童生徒に対して最も適切な教育課程を編成することができる就学先を決定する必要がある。

【演習課題】
1．教育課程とは何か，簡単に説明してみよう。
2．聴覚特別支援学校で用いられているコミュニケーションの手段について，特徴をまとめてみよう。

【参考文献】
・文部省：聴覚障害教育の手引き〜多様なコミュニケーション手段とそれを活用した指導〜，1995.
・井原栄二・草薙進郎：聴覚障害児教育の方法，明治図書，1974.
・高山弘房：聾教育百年の歩み，聴覚障害者教育福祉協会，1979.
・国立特別支援教育総合研究所：特別支援教育の基礎・基本　新訂版，ジアース教育新社，2015.

❷ 指導法

1 乳幼児期の指導

　　乳幼児期は，人間の発達の基礎になるものが育成される時期として重要である。聴覚障害の場合，特に聴能面，コミュニケーションや言語面などの発達において，早期の適切な教育的支援により，大きな効果が期待される。

　　乳幼児期の指導は，大きく０～２歳児と３～５歳児の二つの段階に分けて考えられる。地域によって体制が異なるが，学校教育の対象に達しない０～２歳児は，教育相談や地域支援の枠組みで展開されている。３～５歳児は，幼稚園教育要領，特別支援学校幼稚部教育要領などに示された指導内容に準じて教育課程が編成され，指導が行われている。ここでは，それぞれの時期の支援と指導の概要を解説する。

（1）０～２歳児

１）基本的事がら

新生児聴覚スクリーニング検査
p. 25参照。

　　① **全体発達を支える**　　近年，**新生児聴覚スクリーニング検査**が普及し，０歳前半で聴覚障害の診断が行われるようになっている。０～２歳児段階の支援（以下，早期支援）では，まず，全体発達を支え，人間関係や言語，運動，認知などさまざまな側面の発達の土台となるものの育ちを援助することが重要である。難聴は，０歳代から発達にさまざまな影響を与えている。全体発達を支援する中で難聴に対するさまざまな配慮について保護者に示していくことが早期支援で非常に重要で，中心的な事がらといえる。

　　② **保護者の障害受容を支える**　　わが子の障害が診断されたときの保護者には，ショックや悲しみなど大きな心理的反応が現れる。図3−1は，ドローター（Drotar, D.）らが1975年に示した障害受容の段階説で，保護者の障害受容過程を，「ショック，否認，悲しみと怒り，適応，再起の５段階」[1]で表面化することが示されている。初期の

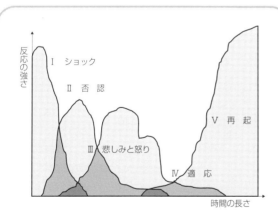

図 3−1　先天性奇形の子の誕生に対する正常な親の反応の継起を示す仮説的な図

出典）中田洋二郎：親の障害の認識と受容に関する考察−受容の段階説と慢性的悲哀，早稲田心理学年報，27，83−92，1995.

支援は，こうした段階に沿って行うことが大切である。また，親の心理的反応については，オーシャンスキー（Olshansky, S.）が1962年に段階説とは「ほぼ逆の見解」[1]である**慢性的悲哀**を示している。中田は，これらの論を踏まえて再考し，「**螺旋系モデル**」[1]を示した。いずれにせよ，障害のある子どもの保護者の精神的な問題は，早期段階だけの問題ではないことを十分に理解する必要がある。

　新生児聴覚スクリーニング検査後，実際に専門的な療育や教育が開始されるまでには，数か月の期間がある。この間，保護者である両親は，ある意味，最も不安な時期を過ごすことがいくつかの調査でわかっている。以下，筆者が聞き取りを行ったケースを紹介する。

慢性的悲哀
障害児の親の悲哀状況は，慢性的に続くもので，これは否定的にとらえられるものではなく，正常な反応であるとする。

螺旋系モデル
親の悲哀は慢性的に存在し，螺旋階段のように時々，あるいは周期的に外見化する。

　Ｓさんは，これからの子育てに対する期待感を膨らませながら退院の日を待っていた。退院の前日，突然，看護師長さんから「あなたのお子さんは，難聴があるようです」と告げられた。100人に１人くらいは検査に引っかかること，精密検査を受けなければならないことなどを説明されたが，あまりよく覚えていないという。なぜ自分ひとりのときにこんな大事な話をするのか，どうして夫はいないのか，そんなことばかりが頭を巡った。翌日の退院の日，今度は主治医から夫と二人で話を聞いた。始まったばかりの新しい検査により，早くわかったのはよかったことだといわれ，今は人工内耳という方法もあるからともいわれた。Ｓさんは思った。「えっ，人工内耳って何？」「よかったってどういうこと？」……。

　それから数か月後の精密検査までの日々，Ｓさんは，泣いてばかりいた。「出産を祝ってくれる人の中で孤独だった」「自分が過去にしてきたいろいろな悪いことのしっぺ返しかもしれない」などといろいろな思いが頭の中で巡った。

　最終的に大学病院で高度の難聴であることを告げられた。今度は，とてもていねいな説明を受け，聴覚特別支援学校を紹介された。Ｓさんがすぐに紹介された学校に電話をすると，とてもていねいに対応してくれた。１週間後学校を訪れたが，障害児の学校という暗いイメージではなく，ずいぶん明るくきれいだった。初めての面談で，これまでの経緯や思いを聞かれ，Ｓさんは，妊娠中からのことを順を追ってゆっくり話すうち，また涙が溢れ出し止まらなくなった。最後まで口を挟まずに聞いてくれた担当者は，自分も涙ぐみながら，最後にこういった。「さあ，これから本当の子育てが始まるんですよ」。Ｓさんは，そのことばを聞いて，やっと，ぼんやりだが，子どもと手をつないで歩いている姿をちょっとだけ思い浮かべることができたという。「そうだ，私は母親になったんだ」「夫といっしょにこの子の成長を見守り，これからたくさんの思い出をつくっていこう」。そんなふうにＳさんの子育てはスタートした。

　③　**初期の聴覚活用を支える**　　聴覚は，言語発達にかかわる感覚として，生後直後から重要な役割を果たしている。**前言語期**である０～２歳児段階においても，聴覚からの音や音声の情報は，視覚など他の感覚からの情報や経験と連動し，意味づけが行われ，言語発達の基盤となる共同注意や因果関係理解の発達を進めていく。したがって，難聴の程度やタイプに応じて適切に適合され

前言語期
発達的にまだことばが出現しない時期。この時期に言語コミュニケーションの発達の基礎が育つとされる。

た補聴器を早期に装用することは非常に重要である。一方，単に補聴器を装用しただけでは聴覚の活用はなかなか進展しないことも多く，適切な配慮が不可欠である。0〜2歳児の聴覚活用は，聴覚を含めたすべての感覚を活用することを目ざしながら，子どもが無理なく，心地よく，そして自然に聴覚を活用できるように，まず，環境調整に留意し，親子のやわらかなかかわりの中で進められることが重要となる。

　聴覚活用の評価では，日常の生活や遊びの中で観察された反応などを蓄積するように進めることが重要である。このとき，担当者が**聴性行動反応検査（BOA）**などの手法を身につけておくことは大いに役立つ。また，聴覚活用は，音声の発達に深くかかわっており，0歳代の発声である<ruby>喃語<rt>なんご</rt></ruby>を観察することも重要な観点になる。こうした観察評価では，保護者から情報を得ることも効果的で，これら蓄積された観察結果と聴力検査室などで行われる検査結果を整合しながら評価を進めていくようにする。

　④　**さまざまな場で保護者を支える**　保護者支援は，さまざまな活動場面を通して行われる。例えば，グループ活動で行われる自由遊びの場面では，保護者が子どもといっしょに遊んだり，話しかけたりする場面をとらえ，教員は，子どもがどんなことを喜んでいるか，どんなことに気持ちを動かしているかなどについて，保護者といっしょに見守り，助言する。また，教員がかかわりのサンプルを示すように実際に子どもに話しかけてみたり，遊びにかかわったりしてみせる。活動の節目の片づけやトイレ（おむつ交換），手洗いなどさまざまな行動でも，どの位置からどのように声かけを行うとよいかなどを具体的にアドバイスする。グループ懇談では保護者同士の情報交換を援助する。

　また，個別支援（個別指導）は，定期的なカウンセリングとして，生活の中で生じるさまざまな問題や保護者の悩みを受け止め，共感的に理解する。そのうえでさまざまな情報を提供し，問題解決のアドバイスを行う。2歳児段階では，**進路相談**を具体的に進める。

2）早期支援プログラム

　図3−2は，聴覚障害を主領域とした特別支援学校（以下，聴覚特別支援学校）における早期支援プログラムの一例である。以下，主な事項について説明する。

　①　**初回面談から初期相談プログラム**　相談の開始は，まず初回面談から始まる。初回面談は，インテーク面接といわれ，ここでは，相談者の問題状況やニーズなど援助に必要な情報を得ることが重要となる。聴覚障害の診断を受けて間もない段階なので，家族支援の緊急性が高い場合も多く，個々の支援ニーズを早急にとらえることが必要である。

　また，初期相談プログラムでは，聴覚障害や教育に関する基本的事がらの情報提供も行われるが，内容としては，大きく，聴覚障害の理解や教育に関するもの，補聴器の構造や基本的操作に関するもの，子どもの発達や日常生活での

聴性行動反応検査（BOA）
p. 29, 30参照。

喃　語
前言語期の特定の意味をもたない発声で，0歳代前半の初期喃語と後半の後期喃語に分類される。後期喃語はリズミカルな反復性のある発声で高度難聴があると消失するとされる。

進路相談
ここでいう進路相談は，主に聴覚特別支援学校の幼稚部に入学するか，保育所や幼稚園等に入園するかの選択を支援することとなる。難聴の程度や発達の状態以外に，保護者の復職，兄弟姉妹の教育や育児，また重複する障害の有無等も考慮される。

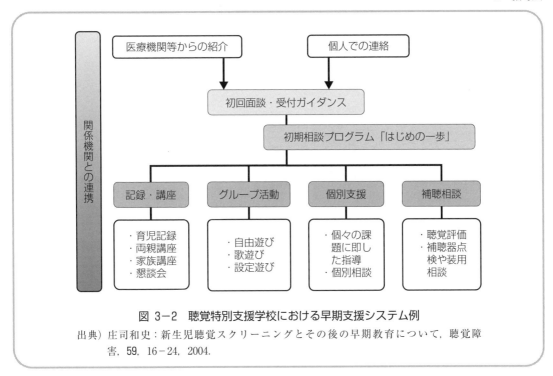

図 3-2　聴覚特別支援学校における早期支援システム例
出典）庄司和史：新生児聴覚スクリーニングとその後の早期教育について，聴覚障害，59，16-24，2004.

さまざまな配慮に関するものとなる。具体的内容は多岐にわたるが，個々の保護者のニーズに応じて，一方的にならないように注意して実施し，その後も継続して情報提供を行っていく。

②　**補聴相談**　　0歳代で補聴器装用を開始する場合は，特にきめ細かい対応が不可欠となる。医師や言語聴覚士，補聴器技能者のほか，保護者ともよく連携し，早期の子どもの補聴器装用習慣の形成を目ざす。このとき，保護者に対するインフォームドコンセントに留意し，聴覚評価を慎重に積み重ね，そのうえで，**補聴器の選択・調整**に継続的にかかわる。また，装用状態を安定させるための工夫や調整を行い，定期的で日常的な補聴器点検などをていねいに行っていく。

補聴器は，およそ半年ほどでほとんどが習慣化するが，その後も発達に応じてさまざまな対応が必要となるので，補聴相談を継続する。高度難聴，重度難聴では，人工内耳の適応についても，医療機関等と連携しながらていねいに相談を進め，支援する。初期の保護者の障害理解や障害受容は，子どもの補聴器装用を通して進むという側面が大きいので，そのことも念頭に置く必要がある。

③　**グループ活動**　　4～5組の親子でグループ編成し，さまざまな活動を行う。自由遊びなどを通して子どもの経験を広げ，交流を図り，保護者に助言を行う場として重要になる。

0歳児のグループ活動は，孤立しがちな保護者同士が交流できる場としても，

補聴器の選択・調整
補聴器フィッティングともいわれ，聴力検査や聴覚活用の評価を総合し，個々に対する聴覚補償の基盤となる。

大きな意味をもつので，親子ともリラックスできるような環境設定に気をつけたい。教員は，保護者がさまざまな情報を交換し合えるようにいっしょに子どもの様子を見守り，日常生活での難聴に対する配慮の仕方などについてアドバイスを行う。音楽などを利用して「赤ちゃん体操」などを行うことも非常に効果的である。

　1歳児では，室内にさまざまな玩具を置き，親子が好きな遊びを選択できるようにする。教員は，遊びのきっかけをつくったり，遊びを展開したり，保護者に対して遊びのヒントをアドバイスする。自由遊びの節目には，片づけ，トイレ（おむつ交換），おやつやお弁当の準備，また絵本の読み聞かせの時間などを設定し，活動にメリハリをつける。音楽や歌を交えた歌遊びや手遊び，簡単な音遊び，ゲーム遊びなどの活動も取り入れていく。

　2歳児でも親子の自由遊びを中心に活動を組んでいくが，徐々に教員がリードする設定活動の時間も取り入れていく。例えば，絵本の扱い，ゲーム遊び，体操，歌遊びやリズム遊び，また，子ども向けのテレビ番組などを取り入れた映像教材も活用する。

　④　**個別支援（個別指導）**　　個別支援（個別指導）では，まず，保護者に対するカウンセリングが重要となる。子どもの発達に関することや障害理解や受容に関すること，進路の問題などについて個々の保護者と継続的に話し合う。また，個別支援では，教員が教材等を準備し，子どもに対して具体的な課題を提示し直接指導するということも行う。さらに，保護者が子どもとかかわるときや遊びへの介入の仕方などについて，実際に教員がやってみせながら保護者に助言するというような間接的な指導も実施する。

　⑤　**育児記録・講座**　　育児記録は，全般的な様子，補聴器や聞こえのこと，ことばやコミュニケーションのこと，その他といった項目を設けた用紙を保護者に配布し，家庭生活での具体的な姿を記録してもらうものである。1週間に1回程度提出してもらい，個別支援の際に記録を見ながら相談を進めたり，グループ懇談にも活用する。記録には，教員がコメントして返却するようにすると，個々の保護者との継続したやり取りとして効果がある。

　定期的な講座としては，母親講座，父親講座，両親講座，祖父母講座等を計画する。対象をそれぞれ分けて行う場合や，休日に設定し，誰もが参加できるような形で実施することも効果的である。内容としては，講演，グループ懇談，授業保育参観，疑似体験，手話勉強会などとなる。

　3）0〜2歳児のまとめ

　聴覚障害の診断から間もない段階の保護者には，ショックや悲しみなどの大きな精神的反応が現れている。そのため，時間をかけ，まずは個々の保護者が自分のペースで安定感を取り戻せるように支援を行うことが重要である。教員には，ていねいさ，謙虚さ，やさしさ，明るさ，笑顔といった基本的姿勢が必

要で，その根底に，望ましい人間観，人権意識が強く求められる。専門性を高めるために個々の教員の研鑽はいうまでもないが，チーム支援を行う組織としても専門性の維持や発展に努める必要がある。課題としては，以下の事がらがあげられる。

① カウンセリングの基本姿勢や技法をもつこと。
② 医療や福祉に関する基本的知識や情報をもち，連携が行えること。
③ 早期支援が一貫した教育課程の中に位置づけられ，十分に予算化されていること。
④ 発達評価が行われ，それを個別の教育支援計画に反映させること。
⑤ 手話か口話か，視覚か聴覚かではなく，前言語期からの本質的なコミュニケーションが大事にされていること。
⑥ 聴覚補償に関して専門的かつ教育的な支援が展開できること。

（2）3～5歳児
1）自然法を基板とした指導の展開

　自然法は聴覚障害教育における言語指導の方法論のひとつである。これには，言語を獲得する過程は，聴覚障害の有無によって基本的に変わらないという考え方が根底にある。この自然法を基とした実践においては，あらかじめ計画したとおりに活動を展開するのではなく，その時々の子どもの興味や関心の動きを中心に据えて展開し，その中で必然性のあることばを使用することを基本とする。聴覚に障害があっても3～5歳児期の発達に必要な要素は変わるものではなく，現在，聴覚特別支援学校の幼稚部では，この自然法の考え方を基本に指導が展開されている。

　「話し合い活動」は，この自然法の考え方を象徴し，具現化した活動であり，教員は，この活動の展開をリードし，子ども同士のコミュニケーションを援助し，適宜，口声模倣を行うなど意図的な指導を行っていく。したがって，「話し合い活動」では，教員は，日ごろから子どもの発達の状態や日ごろの興味・関心，家庭での経験などを把握し，話題の傾向や広げ方を予想したり，全体へ共有するための方法や手掛かりとなる教材を準備することなどが重要となる。また，実際の活動場面では，子どもたちの様子を瞬時にとらえ，適切に話題を取り上げ広げるという判断力が求められる。さらに，子どもの気持ちを動かし，表出を引き出すための間の取り方やほめ方，励まし方，楽しんで参加できるような工夫とともに，子どもの不十分な表現に対することばの指導の方法を示すことなど，多くのスキルが求められる。

　なお，子どものその時々の気持ちの動きや興味や関心をとらえ，それに応じて授業を展開することは，「話し合い活動」だけに必要なのではなく，学童期以降の教科指導も含め，あらゆる年齢段階においても指導の基本となるスキル

カウンセリングの基本姿勢
ロジャーズ理論においては，カウンセラーの基本姿勢として，受容，共感的理解，純粋（自己一致）の三つの基本姿勢が示されている。

口声模倣
教員がことばのモデルを示し，それを子どもに模倣させて音声言語を習得させる方法。p. 88参照。

でもある。経験が浅く，専門性もまだそれほど高くない教員がこの「話し合い活動」に取り組むことによってこうしたスキルを身につけていく側面もあり，聴覚特別支援学校の幼稚部の教員チームとして，この活動に取り組んでいくことが重要になる。

2）3〜5歳児の発達の姿と指導

①　3歳児　　数年間同じ学校の早期支援でさまざまな活動を経験してきた子どもたちでも，幼稚部に入学すると環境は一変する。例えば，身支度など一人で行わなければならないことは増え，親から離れ，なじみのない教員や友だちと活動する場面も多くなる。そのため，入学当初は，新しい環境に慣れることが大きな目標となる。

1学期のうちは，椅子に座って行う活動はなるべく短時間にして，自由遊びを多く設定したい。日課はルーティン化し，単純な展開を繰り返すようにする。その中で，教員は，個々の子どもたちの気持ちの動きをていねいに受け止め，共感し，わかりやすく応答していくことを心がける。また，その時々の子どもの興味や関心をとらえ，それに沿って活動を展開する。このような配慮の中で，子どもが慣れていく様子を確かめながら徐々に活動を増やしたり変化させたりする。

拡充模倣
大人が子どもの言語表現をリピートするとき，子どもの発した表現に語を加えること。拡充模倣を意図的に行うことによって言語表現を広げる。

コラム　「話し合い活動」の授業研究より

製作活動の前に折り紙を配る場面　5歳児3名（C1〜3），教員2名（T1〜2）

【対象場面の会話の流れ】

C1：赤い折り紙がいい。（①）

T1：そう。C2くんは，何色がいい？　（②）

C2：C2は赤。（③）

T2：（口声模倣を誘う）ぼくは，赤い折り紙がほしい。（④）

C2：ぼくは赤い折り紙。（⑤）

T1：（再度口声模倣を誘う）赤い折り紙がほしい。（⑥）

C2：ぼくは赤い折り紙がほしい。（⑦）

T1：C3ちゃんは？　（⑧）

C3：青。（⑨）　　（以下略）

【議論の内容】

サブティーチャーとして活動を担当したT2は，C2の発言を適切に**拡充模倣**した（④）が，C2の答え（③）がC1の答え（①）と同じだったことも重要だったのではないか。最初に「赤」と答えたC1の気持ち（同じだ！　という嬉しい気持ち，または折り紙が足りなくなるという心配な気持ちなど）やC2の気持ち（自分もC1と同じ色にしたいといった気持ち）をどう扱うか。ことばを広げることよりも気持ちをていねいに扱うことが重要ではないか。　　（以下略）

　子どもは，環境や活動，教員に慣れてくると，活動の中で教員が示すさまざまなものに注目したり，教員の動作をまねてみようとしたりするようになる。また，コミュニケーション場面でも，教員が話を始めると注視したり，口声模倣を誘うとそれらしくまねたりする姿も出てくる。

　表出面では，さまざまな方法で自分の思いを表現することが多くなる。入学時にすでに手話や音声言語などのことばを使用していることも多いが，ことば以外の声，表情，身振り，動作，行動などのさまざまな表現も活発になるので，教員は，それらをていねいに受け止め，応じ，その中で，適宜，適切なことばに置き換えたり，繰り返し話しかけたりしていくようにする。

　3歳児は，発達のさまざまな側面で変化が著しい時期であるが，目の前のことを直感的にとらえる段階であり，複雑なでき事を把握したり，自分の行動や感情をコントロールしたりすることはまだ難しい。また，自発語彙が少ない，発音が不明瞭，質問と応答がかみ合わないなど，難聴の影響も顕著になる時期でもある。発達の状態をよくとらえ，ていねいな指導を積み重ねていくことが大切である。

　②　4歳児　　4歳になると，自分でできることが急激に増える。例えば，登校後の身支度や体操服への着替え，補聴器や人工内耳の装着もほとんど自分でできるようになる。日課の流れをよく理解し，見通しをもって行動するようにもなる。幼稚部全体が集まる行事などでは，3歳のときの経験を踏まえ，楽しんで参加する。自由遊びの場面でも自分の好きな遊びを積極的に行い，友だちと活発に交流し始める。その中で，友だちとことばやことば以外の方法を使ってやり取りを行う。また，鬼ごっこや転がしドッジボールなど簡単なルールのあるゲームを教員や友だちといっしょに楽しむようになる。

　4歳児の日課は，3歳のときに比べて「話し合い活動」などの言語指導の活動が多くなり，この中で個々の子どもの気持ちがことばで扱われていく。4歳の中盤以降になると，経験や思いを自分のことばで表現したり，友だちの話を理解したりすることが上手になってくる。

　絵日記は，乳幼児の段階から少しずつ導入されることも多いが，4歳ごろになると身近な経験を報告するための道具として個別指導やグループ指導で活用されるようになる。前の日の絵日記の内容を教員などから尋ねられると，自分で内容を思い出し，絵を見ながらことば以外の表現方法も駆使しつつ話そうとする。また，話したこと以外の内容について「何？」「どうしたの？」などと問われると，自分なりに答えようとする。そうして徐々に，「何」「だれ」「どこ」などの疑問詞を使ったやり取りに慣れていく。簡単な疑問詞の使用は，3歳のころから自然なやり取りの中でみられることが多いが，4歳になると，間接的な経験である友だちの経験に対する質問や応答にも用いられるなど，使用が広がってくる。

絵日記
毎日，親子で共感した体験を絵に描いて蓄積していく。印象深い経験をことばで記憶し，それを報告したりする。
p.88, 89参照。

音韻サイン（発音サイン，キューサイン）
p. 59, 60参照。

ことば遊び
しりとりのように音韻を扱った遊びや，仲間集め，反対ことばなど意味を中心に扱う遊びがある。難聴の場合，文字やサイン，指文字を使いながら行う。

音韻意識
ことばを音素単位である音韻で分解したり，抽出したりして操作する意識。ことば遊びとの関連が大きい。

生活言語
p. 64参照。

　4歳の後半になると，ひらがなや指文字，**音韻サイン（発音サイン，キューサイン**とも呼ばれる）などの理解や使用も進み，簡単な**ことば遊び**が楽しめるようになる。また，言語指導の際の学習展開にも慣れてきて，例えば，2語文以上の口声模倣を繰り返し行ったり，長い文章を暗記しようと頑張ったりする姿もみられるようになる。

　一方，4歳児では，活動が広がりをみせる分，場面によってことばやコミュニケーションの課題も顕著になるともいえる。例えば，相手の話を理解せず自分なりの思い込みで応えたり行動したりしてしまうこと，長い文で自分の思いを語ろうとするときに語の使い方などを間違えることなども目立つかもしれない。具体物や絵，写真などの手掛かりを使って意味を明確に理解させ，基本的なやり取りをていねいに確認しながら繰り返すという指導が必要である。

　③　5歳児　　5歳になると，遊びの面では，好きな遊びをより楽しむようになり，興味のあることに没頭することが多くなる。大人がそばにいなくても友だちといっしょにままごとやごっこ遊び，簡単なゲーム遊びなどを行い，イメージを共有し役割分担をしたりルールを守ったりできるようになる。ことばの面では，経験を具体的に話すことが少しずつ上手になり，考えに理由を添えて論理的に話そうとすることも増えていく。「話し合い活動」では，友だちの話を聞いて理解したり，自分の経験と照らし合わせ，相手の気持ちを察したりすることも上手になってくる。また，**音韻意識**が高まって音韻の操作がうまくできるようになり，ことば遊びのレパートリーが増えていく。それとともにひらがな文字にも慣れ，簡単な文であれば読んで意味を理解できたり，書くことにも興味をもち始める。

　一方，慣れた相手との日常会話はスムーズになるが，初めて出会う相手などとはうまくコミュニケーションが取れないことや，わからないことがあっても尋ねたり確かめたりできないこともある。同じ相手との会話が多く，同じパターンのことばや言い回しばかり使用してしまう傾向にも注意が必要である。

　「話し合い活動」では，科学的なことや社会的なことも話題として積極的に取り上げるようにする。その中で，新しいことばや表現形式になじみ，ことばの意味をことばで説明するといった練習を繰り返すことが大切になる。また，自分や友だちの直接的な経験だけでなく，両親や兄弟姉妹に聞いた話など，その場にいない人から聞いた間接的な経験も話題にして話すという場面も重要になる。概念を整理しつつ，新しいことばや言い回しを扱うなど指導に工夫が必要となる。

　5歳の終わりごろになっても，基本的文型をていねいに扱っていく指導はまだ不可欠である。「やり－もらい」「される－する」など立場や主語が変わったときの文型なども，わかりやすい生活の中で繰り返し扱っていくことが必要で，十分な話しかけを通して**生活言語**を豊かにすることは，継続する必要がある。

3）3〜5歳児のまとめ

　3〜5歳児は，ことばの発達が著しい時期で，コミュニケーションの機能ばかりでなく，思考や行動制御の機能などさまざまな言語機能が伸びていく。目の前にいる相手とのやり取りが上手になるのはもちろんだが，自分の経験を叙述する練習を通して語彙が増え，表現力が向上する。しかし，情報不足が起こることも多く，聴覚活用だけではなく，視覚的な手段をフルに活用する指導が必要である。また，聴覚特別支援学校幼稚部修了後の進路について，保護者との相談はもちろん，地域との連携も十分に行いながら進め，通常の小学校に入学する場合の通級による指導などにつなぐことが重要になる。

（3）乳幼児期の主な指導スキル（身につけておきたい専門性）

1）前提となる事がら

　乳幼児の発達の心理学的特徴に関する知識をもち，それを実践に生かせることが前提となる。言語やコミュニケーションに関する発達はもちろんだが，それ以外にも，遊び，表現，環境への適応や認知など，人間の発達全体に対する知見が不可欠である。そのうえで，例えば，子どもたちが生き生きと遊べるような環境設定ができ，適切に介入できる（子どもたちといっしょに遊べる）ことが重要である。

2）子どもとコミュニケーションする力

　人間は，ことばを獲得しコミュニケーションを行う遺伝子が組み込まれて生まれてくる。ことばのない0歳児もさまざまな手段を使ってコミュニケーションを行い，ことば獲得の準備をしている。乳幼児期の指導を担当する教員は，こうした前言語期ということばのない段階の子どもたちや聴覚障害によってことばの発達が遅れがちになる子どもたちと豊かにコミュニケーションを取る力が不可欠である。難聴があって，ことばの発達が十分ではなくても，子どもたちは，表現したいことや知りたいことをたくさんもっている。それをきちんと受け止め，さまざまな手段を駆使していろいろな情報を伝えることが大切である。また，発達に応じたことばの使い方ができること，そして，そうしたコミュニケーションを手話でも行えるということも不可欠である。手話は，聴覚障害のある子どもたちが最も獲得しやすい言語である。読み書きの機能のある日本語の指導が重要な段階ではあるが，早期から手話に触れていくことも同じように重要である。

3）子どもに合った話しかけができること

　難聴のある子どもの指導では，言語環境に対する配慮が欠かせない。その中でも子どもへの話しかけは，乳幼児期から継続して重要である。話しかけは，やみくもにたくさん浴びせさえすればいいのではなく，子どもの気持ちや行動をとらえながら行っていくのが基本である。乳幼児期の最初は，子どものいろ

いろいろな動作に合わせるような感じで声かけを始める。幼児期では，毎日の生活の中で同じパターンで繰り返される話しかけと，その時々の子どもの気持ちの動きに応じて行われる話しかけの二通りがある。前者は，繰り返される行動に添えられることばであり，後者は，その時々の子どもの思いが適切なことばに置き換えられていくものであるため，両者とも意味や実感が伴いやすい。ことばでのやり取りが増え，目の前のコミュニケーションがスムーズになってきても，意図的に話しかけを続けていくことが重要である。

4）口声模倣によってことばを定着させるスキル

口声模倣は，ことばを使い慣れてくる2歳後半くらいから徐々に導入されるものであるが，導入時には，全体発達に十分に配慮し，無理矢理模倣させるのではなく，自然に子どもが自分から模倣しようとする姿をとらえながら進めるようにする。口声模倣を誘う教員との信頼関係や意味と記号の結びつきといった因果関係理解，また感覚の発達や運動発達も大切な要素となる。

はじめのうちは，小さな口の動きに注目させるのではなく，大まかに模倣行動が起こることを達成目標とし，模倣習慣の育成をねらう。声出し模倣（発声），**擬音擬声語**の模倣など単純でわかりやすい課題を扱い，徐々にことばの模倣に移行する。ことばの模倣も段階的に進める。例えば，最初は，単音節単語（「め（目）」「て（手）」「は（歯）」「き（木）」「け（毛）」など）の模倣，次に2音節単語（「かた（肩）」「くち（口）」「はな（鼻）」「あし（足）」など）というように進める。

3歳児では，入学時にすでに多語文を話している子どももいるが，口声模倣は，教員の意図が強く出る学習方法であるため，そのような子どもでも単語や単文から開始し，課題を複雑にしないように注意することがコツである。2語文以上の文の模倣は，口声模倣の習慣がある程度形成された段階で開始し，徐々に拡充模倣によって文を長くして返し，口声模倣を誘う場面を増やしていく。

5）絵日記を活用すること

絵日記は，保護者と子どもが経験した事がらの中から保護者と子どもとで話し合ってテーマを絞り，保護者が絵を描いて仕上げるものである。絵日記を継続するうえでは，保護者の負担にも配慮しつつ，話題の取り上げ方やことばの押さえ方などをきめ細かくアドバイスすることが必要である。絵日記は，ことばを定着させるうえで効果が大きいが，あくまでも絵日記の主体は子どもであり，大人が教えたいことを一方的に扱うような内容にならないように気をつける。図3-3は，3歳児と4歳児の絵日記の例である。左の3歳児は導入期で，育児日誌を書くようなつもりで始めた例である。右は4歳児で，子どもの気持ちを大きく動かした家庭でのでき事が扱われているものである。

一人ひとりの絵日記は，個別指導や「話し合い活動」などの時間に取り上げる。乳幼児の段階や3歳児では，教員がいっしょに絵日記を見て楽しむという形で扱うようにする。4歳ごろになって絵日記を使ったやり取りに慣れてくる

擬音擬声語
口声模倣では，はじめは「パッ」「バーン」「ドーン」等の短い語を扱い，徐々にリズミカルな「パンパンパン」「ゴロゴロゴロ」等の語を扱っていく。

図 3-3　3歳児（左）と 4歳児（右）の絵日記の例

と，例えば，絵に描かれたことをことばで繰り返し表現させたり，質問に答えさせたりしてことばの練習を意図的に行う。また，「話し合い活動」では，話題として絵日記を取り上げ，友だち同士で経験を報告し合うように扱うこともある。

6）発音指導の方法

早期からの聴覚補償によって，子どもたちの発音明瞭度は，平均的に高くなってきているが，補聴器装用児では，「母音は小開きのイとウで正発率が下がり，子音は摩擦音と破擦音に難点」があり，人工内耳装用児でも「弾き音を安定して発音できるようになるまで（中略）時間を要する」ことが示されている[2]。

乳幼児期の発音指導は，まず，聴覚活用をベースにして安定した発声を育てることから始まる。取り立てた指導は，4歳児くらいから個別指導で開始され，3〜5歳児期は，子どもが楽しく行える遊びの要素も交えながら継続する。伝統的に用いられてきた「多感覚を活用した発音・発語指導法」[2]は，明瞭度が高くても欠かせないものである。例えば，**口形文字**は，母音口形を意識化させるうえで非常に有効である。発音指導は，単に発音を明瞭化するだけでなく，指導を通して日本語の構造を理解し，音韻意識の向上にも大きな意義がある。

口形文字
日本語の五つの母音口形を表した記号で，古くから全国の聴覚特別支援学校で活用されている。以下に示すのは一例で，左から，「ア，イ，ウ，エ，オ」となる。

2　生活言語から学習言語へ

（1）コミュニケーション上の配慮

聴覚障害のある子どもは，その障害の部位により外部からの情報が入りにくい状況にある。それを補償するため，一人ひとりの実態等に応じた補聴器や人工内耳等を活用することと併せ，多様なコミュニケーション手段を活用した指導を行う必要がある[3]。コミュニケーションとは，話し手と聞き手が立場を連

動させながら，意味ある内容を相互に共有する営みである。そこには，「やりとりを続けたい」「わかり合いたい」というコミュニケーション意欲と，相手に伝わったという成就感，伝えてよかったという達成感が伴うものであり，これがコミュニケーションの前提でもある。聴覚障害のある子どもの場合，障害部位から，どうしてもコミュニケーション上のあいまいさが残る。そのため，伝達内容を正確に把握できず誤って行動することが多いと言われる。

したがって，コミュニケーション指導の段階として，正確さと確実性のあるやりとりを行う学習場面を意図的に設定する必要がある。その具体的な指導段階を表3-3に示す。それぞれの段階において配慮すべきことは，やりとりそのものの必然性およびコミュニケーションをとることで人とつながり，通じ合う喜びを共有することである。

表3-4に，あいまいなコミュニケーションの改善策を示している。実際のコミュニケーション場面の中で教員側の配慮として，内容のあいまいさやその修正，表現の正確さのみを求めるだけでなく，子ども自身が相手に伝えようとするコミュニケーション意欲や主体的な態度を大切に扱いたい。普段の生活場面でも，おおよその５Ｗ１Ｈには応答できることが肝要である。疑問文にある程度慣れておくことが，授業の中での指導を容易にする。併せて，「わからないことをわからないままにしない」というコミュニケーション上の粘り強さとその解決方策についても，子ども一人ひとりの実態等に即して指導することが

５Ｗ１Ｈ
いつ（When），だれ（Who），どこ（Where），何（What），なぜ（Why），どのように（How）という英単語のそれぞれのアルファベットの頭文字を取ったことば。

表 3-3　コミュニケーション指導の段階

第1段階：「内容の確認」
・何を聞かれているのか，その内容を確かめる。
・子どもなりの表現を受容し，表出意欲を大事に扱う。
第2段階：「表現の確認」
・何が分かったのか，絶えず確認する。
・曖昧な箇所があった場合，言わせたり，書かせたりして確認をする。
第3段階：「行動の確認」
・言われたことを正確に行動させる。
（例：「鉛筆<u>に</u>名前を書く」と「鉛筆<u>で</u>名前を書く」等）。
・理解した内容を再度，確認する。

出典）松原太洋：聴覚障害児はもっと伸びる，聴覚障害，57，32-37，2002.

表 3-4　あいまいなコミュニケーションの改善策

① 話をする時は相手を意識し，助詞を補った文で表現する。
・伝わったかどうかの確認もする。
② 相手の顔をきちんと見たやりとりをする。
・「聞く構え」の育成（主体的な情報入手）。
③ やりとりの内容を確認する。
・曖昧な言葉の確認（書き言葉での確認）をする。
・一定時間，確実な内容のやりとりを継続する。

出典）松原太洋：聴覚障害児はもっと伸びる，聴覚障害，57，32-37，2002.

大切である。これは，**情報障害**ともいえる聴覚障害のある子どもにとって，将来の社会生活を送る上で欠かせないことである。

　主体的な言語習得を目ざしたコミュニケーション指導上の配慮事項を表3-5に示す。文レベルでコミュニケーションを図ることの効用は，機能語である助詞を補って表現することにある。「は」と「が」の違いやその用法等は，話し手の言語感覚に左右されることが多い。中学部以降に日本語の文法体系を再度，学ぶ意義はある。しかし，何よりも気持ちと心が連動する生きたコミュニケーションの中で心を通じ合わせながら繰り返し学んでいくという自然法の手法で，国語の言語感覚を身につけさせたい。

　日本語には**同口形異義語**が多い。そのため，表出されることばがあいまいな場合，その発音要領を確かめたり，指文字や手話で絶えず確認したりすることがある。発音・発語指導の目的は，発音明瞭度を高めることだけではない。保有する聴力の程度等に応じ，発音があいまいであっても口腔内の調音点（舌の位置等）と文字とのマッチングが，その子なりに識別できることが重要である。これを音韻表象といい，その獲得が話しことばの力のみならず，書きことばの力にもつながっていく。こういった発音・発語指導の意義を改めて評価し，聴覚障害教育の専門的な指導法のひとつとして，学校全体で組織的に維持・継承し，外部に発信していく必要があろう。

　併せて，同じひらがなの表記で違った意味に使われる**同音異義語**の指導も大切である。それらのことばの指導にあたっては，動作化したり，漢字に直して文脈の中で意味を確かめたりするなど，生活の中で使い分けることができるようにしていきたい。

　授業も含めたコミュニケーション場面において，聴覚障害のある子どもにとって，**聞く構え**は重要な資質のひとつである。これは，2人以上でやりとりをする際，相互読話しやすい環境の整備が必要となる（特に，やりとりを傍観する立場の者）。近年，学校においてさまざまな情報保障機器を活用できる環境が整いつつある。聴覚障害のある子どもの場合，情報入力が十分に保障されても，聞く構えができていないと確実な内容のやりとりには至らないことが多い。

表 3-5　コミュニケーション指導上の配慮事項

①　コミュニケーションすることの必要感をもつ 　　（生活場面の言語化，話題設定の工夫等） ②　コミュニケーションしたことを生活に生かす 　　（興味・関心の喚起，関連する知識の獲得，情報検索スキルの向上等） ③　もっとコミュニケーションしたいという気持ちを持ち続ける 　　（成就感・達成感を伴った意味ある内容のやりとり等） ④　コミュニケーションして良かったと実感する 　　（心を通じ合わせることの良さを実感，言葉と心が連動したやりとりの促進等）

出典）松原太洋：聴覚障害児はもっと伸びる，聴覚障害，57，32-37，2002.

情報障害
聴覚障害のある子どもの場合，その障害部位から，外部からの情報が入りにくいことをいう。

同口形異義語
「たまご・たばこ・なまこ」「さかな・たかな」「いす・いぬ」「いちにち（一日）・しちにち（七日）」「きゅう（9）・じゅう（10）」等の後続する音節の母音部が同口形で，意味が異なることばをさす。

同音異義語
「きる（切る・着る）」「かう（買う・飼う）」「かける（椅子にかける・帽子をかける）」「なる（鳴る・成る）」等，ひらがなの表記が同じであっても違った意味に使われることば。

聞く構え
コミュニケーション場面において，相手と目が合っていなくとも絶えず自分に関係のある情報（内容）であると意識しながらやりとりをしようとする姿勢。

そのため，子どもの実態等に応じた情報提示の工夫とアクセシブルな情報環境の整備が必要となる。

（2）生活言語から学習言語へ

聴覚障害のある子どもに対し，小学校（聴覚特別支援学校小学部）に入学後，本格的な教科指導を行う際，その基盤となるものは言語習得と言語概念の形成である。それらの到達度いかんによって教科指導の成果が大きく左右される。特に国語科において，教科本来の目的を達成するためには，日常のコミュニケーション場面の中でも常に言語を用いる能力や態度を養うように配慮することが重要である。

齋藤は，幼児児童の言語活動の発達的変化は一直線でなく，表3-6に示すような質の異なるそれぞれの段階があると述べている[4]。主体的な言語習得に向け，誕生後，身振り・表情・音声等での対話の基礎が形成される第Ⅰ段階から2語文獲得の第Ⅱ段階（**生活言語**の習得段階）へ，そして過去・未来のことをことばで表現できる第Ⅲ段階へと進んでいく。この時期は，約束を守れる等，ことばで自らの行動をコントロールすることがある程度可能となる。就学前の第Ⅳ段階（学習言語および書きことばへの移行段階）には約5,000語のことばを獲得し，第Ⅴ段階の本格的な**学習言語**の習得へ向かっていく。齋藤は，この道程（プロセス）の大切さを「生きる力としての言語活動から学ぶ力としての言語活動」としている。

脇中は，生活言語と学習言語の相違点とその道筋を，表3-7のように表している[5]。脇中によると，生活言語は限られた特定の人（特に母親）とのやりとり，学習言語は不特定多数の人とのやりとりが中心となる。岡本は，前者を**一次的ことば**，後者を**二次的ことば**としている[6]。特に聴覚障害のある子どもの場合，この二つの言語を並行して段階的且つていねいに指導していく必要がある。

生活言語
（一次的ことば）
p.64参照。

学習言語
（二次的ことば）
p.64参照。

表 3-6　言語活動の発達段階

第Ⅰ段階；コミュニケーションの成立の段階（生後1歳位まで）
・音声の意味を知り始め，また対話の基礎が形成される
第Ⅱ段階；生活言語の習得段階（1歳～3歳）
・「今，ここで」展開される事象や感情，行動等が言葉によって表現できる
第Ⅲ段階；生活言語のレベルアップの段階（4歳～小学校入学頃）
・具体的場面，行動を離れた言語活動も徐々に可能になる
第Ⅳ段階；学習言語及び書き言葉への移行段階（小学校低学年頃）
・学習の場では，話し言葉と書き言葉が交錯する
第Ⅴ段階；書き言葉を中心とする学習言語の習得段階（小学校中学年以降）
・学習の場では学習言語の使用が主流となる

出典）齋藤佐和編著：聴覚障害児童の言語活動，聾教育研究会，pp. 4 - 9, 1986.

表 3−7　生活言語から学習言語

生活言語	学習言語
・状況依存の表現行動	・言語依存の伝達行動
・家庭言語	・学校言語・教室言語
・言語機能の親密性	・言語機能の公共性
・一次的ことば（岡本，1985）	・二次的ことば（岡本，1985）
話し言葉が中心	話し言葉と書き言葉

資料）脇中起余子：『9歳の壁』を越えるために，pp. 25−27，北
　　大路書房，2013．より作表

　わたりの指導とは，生活言語から学習言語への移行期にあたる準備段階の指導であり，書きことばを中心とする教科指導の前提となるものである。この指導は，ろう教育において継承すべき伝統的な指導法であり，高度な専門性を有するものである。主に小学部低学年を中心に個別指導や学級全体で行っていることが多いが，教科指導と併行させるのか，先行させるかは子どもの言語発達の状態から決めていくことが重要である[7]。わたりの指導例を表3−8に示す。

　齋藤[4]は，話しことばから書きことばへの移行期を本格的登山である「**9歳の壁**」（萩原[8]のいう「9歳レベルの峠」）の準備段階にあたる「5歳のだらだら坂」であると述べ，学習言語習得に向けたわたりの指導の重要性を強調している。国語（読み）の入門期であるわたりの指導において**読みの構え**は重要な能力のひとつである。この能力は，書きことば（文字情報）が，自分とのかかわりの中で意味あるものとしてとらえられることである。教科指導のみならず，教室・廊下の掲示板，板書での連絡事項等に記された書きことばの内容理解と確認およびその行動化によって鍛えられていく。

　聴覚障害のある子どもの場合，一般的に語彙の量と質に課題があるため，読みの指導（書きことばの指導も含む）が困難となっている。そのため，教科学習を学年進行で行うことに困難を呈していることが多い。

　わたりの指導の中で書くことをねらいとした教材としては，日記（生活文），

わたりの指導
一定の指導段階から次に移る時期の指導。聴覚特別支援学校の幼稚部時代に獲得した話し言葉の力を元に，読み書きの初歩的な力を身につけさせるための橋渡し的な指導をさす。

9歳の壁
萩原浅五郎（1964）のいう「9歳レベルの峠」をさす。ことばによる思考のつまずきが抽象的思考を困難にさせ，知的能力や学力に支障をきたすこと。

読みの構え
話しことばと同じように書きことばも自分に投げかけられている大切な情報であると認識して，文章を読もうとする姿勢。

表 3−8　わたりの指導の例

① 話されたとおりに書く，書いたことを表現する，読んだとおりに書く　（表出意欲を喚起し，話し言葉を鍛える） ② 自分で経験したことを綴り，それを完全文に直して確実に覚える　（助詞等の機能語の獲得，言語感覚の育成） ③ 日常生活の中で，読む必要がある場面を多く設定する　（「読みの構え」を育成する） ④ 言葉の力に配慮した読みの教材を選定・活用する　（書き言葉を読む経験を段階的に増やしていく） ⑤ 理解したことを行動で確認する　（読みの行動化，行動の背景と状況の理解）

出典）香川邦生・藤田和弘編：自立活動の指導（松原太洋：話し言葉から書き言葉へ），
　　pp. 99−103，教育出版，2000．

作文，手紙，感想文等があげられる。特に，子どもの日常生活の中で生起した事柄に対し，自分の思ったことや感じたことを書く生活文の指導を大切に扱いたい。具体的には，まず題材に沿って実際に見たことや経験したことを十分に話し合わせ，足りない部分（５Ｗ１Ｈ等）を補っていく。想起が不十分な場合，関係することばや絵を描かせて確認することもある。次に子どもの言語力等に即して，文で表現させ，一連の文章（助詞等を補った完全文で構成）を綴り，それらを暗記させる。暗記した文章を学級の中で発表し，他者の感想や意見を聞くなど，相互に話し合わせることで言語活動の活性化を図っていく。

　表3－9には，国語（読み）の学習に入る前の準備としての指導例を示す。これは，わたりの指導の一環として，教科指導（特に国語科）の準備段階として大切に扱いたい。**読みの抵抗**をなくすために，新出漢字・語句の読み方や意味等の理解については，家庭学習の習慣が大切になってくる。授業で扱う文章の読み方がスムーズでなければ，正確な読解指導には至らないことが多い。教科書の文章に関係のある事柄についての事前学習等，聞こえないことによる情報保障を図る上からも一定の時間をかけて行いたい。

　表3－10に，基本的な国語（読み）の態勢づくりとして，大切な観点（評価）を示す。実際に文章を読む場合，一字一字を区切って読むことに終始していた場合，内容の理解までに至らない。一般的に読解のプロセスは，一文ごとに読んだ意味内容を記憶・蓄積しながら，文・文章・段落等と読み進めていくものである。そのためには，書きことばの一連のまとまりから，正確なイメージ化を図る能力が必要である。こういったプロセスの中で，本文と自らの経験を照合しながら，文脈に沿って語句や文の意味をとらえたりすることも指導してい

読みの抵抗
音読する際に，漢字や語句の読み方等がわからなくて，つまずいたり，たどたどしく読んだりして，文章の内容理解に至らないこと。

雑学の知識
教科学習の内容と関係のある情報や知識のこと。主として，関係図書・雑誌や新聞およびインターネット等から獲得する。

表 3－9　国語（読み）の学習に入る前の準備

> ①　文章を読む際の「読みの抵抗」をなくしておく
> 　　（新出漢字の読み方，新出語句の意味，文作り等）
> ②　音読することに十分に慣れ，スムーズに読めるようにしておく
> 　　（音読の度につまずいていては読解に至らないので，繰り返し音読の練習をする）
> ③　教科書の文章に関係ある事柄・知識を事前に調べておく
> 　　（**雑学の知識**，分からないことを自ら調べる等）

出典）松原太洋：聴覚障害児はもっと伸びる，聴覚障害，**57**，32－37，2002.

表 3－10　基本的な国語（読み）の態勢づくり

> ①　一字一字を区切って読むのでなく，語句・文のまとまりを捉えて読める
> 　　（読んで，だいたいのイメージできる）
> ②　分かるところと分からないところが，はっきりする
> 　　（分かろうとする意欲，分かる体験を積み重ねる）
> ③　文がどのように自分とかかわってるか常に考える
> 　　（文脈の中での意味理解，自分の体験と文との照合）

出典）上田征三・高橋実・今中博章：特別支援教育の授業づくりと生活の指導（松原太洋：聴覚障害），pp.96－103，ミネルヴァ書房，2017.

表 3-11　国語（読み）に関する配慮事項

① 一人一人の読みの活動を大切にする
・主体的に読み・考える時間の設定，思考の言語化を図る
② 本文に書いてあるとおりに答えさせることも大切
・聞かれていることは，どこを読めば分かるのか，思考の枠組みを設定する （５Ｗ１Ｈが記述されている本文の箇所を指しながら応答させる）
③ 分かっているかのどうかの確認を大切にする
・文に即して答える，自分の経験との照合，根拠をもって答える
④ 難語句は，導入段階で無理に解決しようとしない
・絵，具体物及び経験等から分かるものは，なるべく扱っておく，他は読み取りの中で扱う
⑤ 考えるためのヒントを呈示しながら正確な読み取りに導く
・何が正しいのか，正しくないのか文に即して明確にする
⑥ 子どもの実態に即し，多くのことをねらい過ぎない
・子どもの読みの実態に即した教材の選択，読んで分かる体験を積み重ねる

資料）上田征三・高橋実・今中博章：特別支援教育の授業づくりと生活の指導（松原太洋：
　　　聴覚障害），pp.96-103，ミネルヴァ書房，2017．より作表

きたい。

　表3-11に，国語（読み）に関する配慮事項を示す。読みは本来，内的且つ主体的な営みである。書きことばが中心となる学習言語の獲得にとって，自主的な読書活動が欠かせない。学校の図書室をはじめ，地域の図書館等に親しむなど，必要な情報の所在とその活用方法等を卒業前までに習得させたい。そのためには，わからないことをわからないままにしておくことに不快感を抱くような子どもに育てることが大切である。生きてはたらく国語（読み）の力を身につけるためには，子ども一人ひとりの読みの段階に即した読み物も段階的に準備し，考えるヒントを呈示しながら読んでわかる体験を積み重ねていくことが重要である。

　情報化社会を生き抜くためには，インターネットも含めた書きことばからどれだけ正確な情報を得るかという情報検索能力が問われる。今後，**情報へのアクセシビリティー**の観点からも，書きことばの育成を図っていきたい。

情報へのアクセシビリティー
「障害者の権利に関する条約」（第21条）に明記されている。
障害のある人が，その公的な活動において，手話，点字，拡大代替（補助手段）コミュニケーション並びに自ら選択する他のすべてのアクセシブルなコミュニケーションの手段，形態および様式を用いることを容認すること。

３　小学部の指導

　小学部段階は，学校生活の中で，学習へ向かう態度，学習の技能，教科学習の基礎的な知識を身につけ，友だちやさまざまな人とのかかわり方を学んでいく時期になる。齋藤は，「この時期は，記憶主導型の知識獲得が盛んであるが，同時に感覚的な事実を時・空間・数・因果などの基本的な枠組みでまとめる関係的思考も育つ時期であり，考える子供に育てることが大切である」と述べている[9]。これは，小学部段階はさまざまなことを覚えることは得意であるが，それを生かしつつ，単に記憶するだけでなく，覚えた知識に脈絡をつけて考え

るために，教員の側でヒントをうまく提示して考える習慣をつけていくことが，課題のひとつになるということを意味している。まだ言語的論理で考えるのは難しい段階であるので，関係的思考ができるようになる基本は，五感を通してわかる事実と事実同士の関係を，一つひとつていねいに言語化して，関係をことばで整理していくことであるといえるだろう。

　聴覚障害児では，幼児期の日本語習得が教科指導に進むには十分でない場合も多く，小学部低学年では，児童の経験を題材に基本的な日常生活語彙を習得・定着させる指導を児童の実態に合わせて行う必要があり，小学部では「わたりの指導」などといわれてきた。その後，高学年になり読み書き学習が進むと，経験していないこと，抽象的なことも言語を通して学ぶことが増えて，学習言語の習得も始まる。視覚的な教材も活用し，イメージをもたせながら，児童の言語能力に合った説明をていねいに行い，学習言語を習得させる必要がある。

　聴覚障害児の大きな困難のひとつを，萩原は「9歳レベルの峠」あるいは「9歳の壁」と呼んだ[10]。高学年（9歳くらい）の段階で，**抽象的な語彙**の理解や抽象的な思考が難しく，読み書きや学力の面で伸び悩む（停滞する）状態である。低学年までは生活中心の教材が多く，**直接経験した題材**を取り上げて学習していくことが多いが，小学3・4年生になると，間接経験を主体にした題材が多くなり，理解しにくくなっていく。言語習得に遅れがあるとことばによる抽象的な思考にも影響し，さらに学力にも大きく影響を及ぼすと考えられている。

　このため，小学部では，教科指導に先行したり並行したりしながら，自立活動の指導や国語科指導の中で，豊かな日本語獲得のための指導を一人ひとりの実態に合わせて行うことに力を入れている。

　小学部段階の児童への具体的指導例として，「話し合い活動」「国語科の指導」「日記指導」についてあげる。

抽象的な語彙
例えば，「がんばりましょう」といっても，何をどれぐらいがんばるかがわからない。「この問題集の問題を5問がんばりましょう」というほうが具体的な言い方になる。

直接経験した題材
自分が行ったことがあること，例えば，遊び・買い物・旅行・スポーツなど，経験したことすべて。

コラム　現場のエピソードの一例

　聴覚特別支援学校に赴任したばかりの先生に，子どもから「先生，板書をノートに書く時間を少し下さい」といわれたという話を聞いたことがある。

　聴覚障害児にとっては，聴者のように先生の話を聞きながらノートをとるという行為は難しい。したがって，聴覚特別支援学校の先生方は，話をしっかり聞かせるときと，ノートやプリントに書かせるときと，意識して授業の計画を立てている。書かせる時間を多く取りすぎれば，授業は進まないが，そのようなところにも配慮することが，聴覚特別支援学校の授業の留意点のひとつだといえる。

（１）話し合い活動

　聴者の児童に対するように，何げなく話しかけているだけでは，聞こえに困難のある児童の語彙力・語用能力は育ちにくい。あるいは，大きな声で絶え間なく話しかければ伸びるということでもない。児童のことばは，日常生活の中で，保護者や教員とのかかわりを通して育ててあげなければならない。

　ここでは，小学校での言語活動以上に児童の心にことばを乗せ，ひとつのことを，じっくり，ていねいに話し合う聴覚特別支援学校の言語活動の一例として，「虫取り」に関する話し合い例（小学部２年生）を示す。

　教員は，児童の経験に対して，起こったことをよく思い出してことばで伝えるように，例えば次のような**意図的な質問**を行うことが考えられる。ただし，まずは児童に自発的な話をさせて，足りない内容について意図的な質問をするということである。

語用能力
前後の言語情報から手掛かりを得て，話し手の意図を理解し，適切に言語を理解する能力，また場面に適切に言語を用いる能力。

意図的な質問
教員による目的をもった質問。児童にある事がらを答えさせるための質問。

> ●教員（T），小学部２年生（C）
>
> T：どこで，何をしてきたの？
>
> C：校庭のジャングルジムの近くで，虫取りをしてきたよ。
>
> T：虫は何でつかまえたの？
>
> C：虫あみがなかったから手でつかまえたよ。
>
> T：何をつかまえたの？
>
> C：とんぼをつかまえたよ。
>
> T：どんなふうにつかまえた？（または，どうやってつかまえたの？）
>
> C：とんぼが石や草にとまったときに，そっと近づいて，羽をすばやくつかんだよ。
>
> T：どんな虫だったの？
>
> C：オニヤンマをつかまえたよ。
>
> T：すごいね。とんぼの種類までよく知っているね。どうして知っているの？
>
> C：図鑑で調べたよ。
>
> T：虫の様子はどうだったの？
>
> C：とんぼはバタバタ動いていたよ。
>
> T：つかまえた虫はどうしたの？
>
> C：とんぼはかわいそうだから逃したよ。とんぼのお父さんやお母さんが泣いちゃうから逃したよ。
>
> T：虫取りをしてどうだったの？
>
> C：少し怖かったけれどおもしろかったよ。

　このように，子どもの経験にそった言語活動をていねいに行い，児童の経験を元に語彙を増やし，日本語を活用できる力を小学部の学校生活，教科指導全般を通して行うことが望ましい。

　また，次のような話し合いも小学部段階で行われる言語活動の一例である。

　例えば，夏休みが終わった後，「どこへ行ったの？」「何をしたの？」という比較的答えやすい事実に関する発問は低学年の間に多いが，そのような受け答えに慣れ，だんだん学年が上がれば，経験してきたことを振り返らせ，まとめて一言でいわせるような発問として，「どんな夏休みだったの？」などと尋ねるようなことも考えられる。聞こえに困難のある子どもは，要約力に課題があることが多く，このような発問が大切になる。これは**開かれた発問**である。

開かれた発問
答えがひとつではない，さまざまな答えが考えられる発問。

　もし児童がわからなかったら，「例えば"遊んでばかりの夏休みだったよ""楽しいことがたくさんあった夏休みだったよ"って答えるといいかな」など，どのように答えればよいかの例を教員が話すと，次回からは考えやすくなる。

　何を考えさせたいのかを明確にして，発問することが必要である。思いつきの問いかけでは，児童の言語力は育ちにくい。

思いつきの問いかけ
準備したわけではない，その場で思いついた発問ばかりで授業を行うと，目的から外れていく可能性もある。

（2）国語科の指導

　次に小学部の国語科の指導の一例を取り上げる。例示する教材文は，小学校2年生用国語科の教科書に掲載されている「名前を見てちょうだい」（物語文）という単元である。

　単元目標は「場面に気を付けて読み，物の様子や気持ちを想像することができる」，本時の目標は「帽子の様子やえっちゃんの行動に気を付けて読み，えっちゃんの様子や気持ちを想像する」である。教員は児童の発言に対し，どこを読んでわかったのか，どうしてそう思うのか，**意見の根拠**を聞くことも必要である。

意見の根拠
ここを読んでわかった，ここにこう書いてあるからこう思ったという根拠を本文をもとにいえるようにすることが望ましい。

　児童の実態によって，さまざまな展開が考えられる。ここでは授業の一例として示す。

コラム　「話し合い活動」の教材探し

　天気予報の話も，生活に密着したよい教材になる。

　「今日は久しぶりの快晴です。洗濯物を一気に片づけるチャンスでしょう」という話をある日の朝の会で取り上げた。学級の児童に，この文からイメージした絵を描かせて，説明させた。すると，ある児童は，「片づける」ということばから，洗濯物を取り込む絵を描いた。ある児童は，やっと晴れて，たまった洗濯物を洗って干して乾かして，取り込んで，たたむという一連の話をしながら絵を説明した。

　つまり前者の児童は，自分の体験から「片づける」といえば「物を適当な場所にきちんと入れ納める」とだけ理解していることがわかる。このように，教科書以外の身近なもの（天気予報，食事，登校中にみかけたもの等）も教材となる。ただし，あくまで子どもが興味をもつものを教材としたい。

　対象は，日常生活語彙は使えるようになってきて，「場面」「様子」等学習語彙も少し使えるようになってきたが，問いかけに対して根拠を説明することがまだ十分ではない子どもたちである。

えっちゃんは，お母さんに　赤い　すてきな　ぼうしを　もらいました。
「うらを　見て　ごらん。」
そう　言われて，ぼうしの　うらを　見ると，
青い　糸で　名前が　ししゅうして　あります。
「う，め，だ，え，つ，こ。うふっ。ありがとう。」
えっちゃんは，ぼうしを　ぎゅうっと　かぶりました。
そして，さっそく，あそびに出かける　ことに　しました。

　　　　　　　　　　東京書籍『新編　新しい国語二下』物語文「名前を見てちょうだい」

　次に示すのは，この教材に対する**児童と教員のやり取り**の例である。

児童と教員のやり取り
実際の授業中のやり取りでは，児童の誤答を予想し，その誤答から正答に導く発問も考えておく必要がある。

●教員（T），子ども（C）
T：ここは，どんな場面かな？
C：えっちゃんが，お母さんにぼうしをもらった場面。
T：どんなぼうしをもらったの？
C：赤いすてきなぼうし。
T：そうだね，他にぼうしの様子について，何て書いてある？
C：青い糸で名前がししゅうしてある。
T：みんなは，ししゅうしてあるものもってる？
C：ししゅうがわからない。
T：（名前がししゅうしてあるハンカチをみせる。）
　：ししゅうしたところはどこ？
C：ぼうしの中。
T：お話にはなんて書いてある？
C：うら。
T：えっちゃんは，どうしてぼうしのうらに名前があるのがわかったの？
C：「うらを　見て　ごらん。」といわれたから。
T：えっちゃんは，ぼうしをもらって，なんていったのかな？
C：「う，め，だ，え，つ，こ。うふっ。ありがとう。」
T：そうですね。では，ぼうしをもっているつもりで，読んでみて。
C：（えっちゃんになったつもりで読む。）
T：えっちゃんは，どんな気持ちだったのかなあ？

このように，聴覚特別支援学校小学部の国語の授業では，子どもの実態に合わせ，教員と子どもたちとのやりとりを通して，内容を確認しながら読みを深めていくことが大切である。読みの中では，行間の読み，つまり本文に書かれていないことも，書かれてある内容から推測させたり，本文をもとに絵を描かせて，内容が理解できているかを確認することも大切である。また，教科書の挿絵に**吹き出し**を書かせるなどして，登場人物の心情を想像させたり，物語文であれば，教材文の続きを考えさせるといった学習も大切である。

（3）日記指導

聴覚特別支援学校に通っている小学部の児童の多くは，教員の指導のもとに**絵日記**や日記を書く機会が多い。児童の日記は，具体的な生活経験をもとに毎日書くものであり，日記を読むとその時点での言語力・作文力また児童の内面がよく理解できる。作文という少し改まって書く文章に比べ気軽に書く日記は，児童自身の現在の時点での文章力が特に反映しやすいものであると考えられる。

そもそも日記というのは，個人的な生活記録，または自己の気持ちを書き留めるもので，人に見せたり，人から指導を入れられる性格のものではない。しかし聴覚特別支援学校の児童にとっては，児童と教員との心のつながりを深める**ラポート**としての役割，そして何よりも児童の生活経験に即して言語力・作文力の向上を図るための一手段として重要な意味をもっている。

掘田も聴覚障害児に，毎日いろいろな題材の日記を自由に書かせるということは，思考作用の向上と創造性の開発のため，基本的な精神活動を訓練するためにもきわめて効果的な方法と述べている[11]。また，白田も聴覚障害児にとって，将来手紙が書ける，筆談ができるということは，社会生活を送るうえで欠くべからざることであり，この基礎となるのが，日記を書くということであると述べている[12]。

吹き出し
発言の吹き出しと気持ちの吹き出しを分けて書く場合もある。
〈発言の吹き出し〉

〈気持ちの吹き出し〉

絵日記
絵日記は幼稚部の幼児だけが書くというわけではない。発達段階に応じて，小学部の児童であっても絵日記を書くという段階が必要な場合もある。

ラポート
心理学の用語で，人と人が信頼し合い，心の通い合った状態であること。

コラム　感情表現を豊かにするためのひとつの方法

〔例〕小学部児童が休み時間によく行うドッジボールで勝ったときの表現
「昼休みにドッジボールをしたよ。ぼくのチームが勝ったよ。うれしかったよ」

　　　　→ 「うれしかった」「楽しかった」以外のことばを使って感情を表現する

「ドッジボールをしたよ。ぼくのチームが勝ったよ。友だちとハイタッチをして抱き合ったよ」

●行動を言語化するだけでも，感情表現は豊かになる。

　日記指導では，ただ書かせるというのではなく，書く内容について，想起させ，教員や保護者と十分に話をしてから，書く必要がある。具体的な指導のポイントの例としては，次のようなことがあげられる。

① 日記を意欲的に書く気持ちを育てる。

② 楽しいことだけではなく，悲しかったことやつらかったこと，心が動いたでき事を書くよう促す。

③ 事実や自分の気持ちを，第三者にわかるように，詳しく書くよう促す。

④ 教員や保護者と話をした際に出てきたことばを日記文中で使うように促す（**理解語彙**から**使用語彙**へ）。

⑤ 日ごろから児童の経験を言語化させて話すよう促す。

　以上三つの点について述べたが，6年間の学びになる小学部では，教科指導も始まり，学年相当の学力を身につけるという目標をもつ時期である。児童一人ひとりの実態を踏まえたていねいな指導を行うことを忘れてはいけない。

4　中学部・高等部の指導

（1）学習言語（書記日本語）獲得の難しさを念頭に置いた指導

　脇中（2009）は，① 聴覚障害ゆえの「バリア」のわかりにくさ，② 生後すぐに失聴した場合の日本語獲得の難しさ，③「9歳の壁」の存在，④「伝わること」と「学力（日本語の力）獲得」の間のずれ，の4点を踏まえた教育実践の必要性を指摘した[13]。日本語には**生活言語**と**学習言語**があり，後者の獲得の難しさが「9歳の壁」と関連するが，手話の使用はこの問題の解決に直結しない。

　人工内耳装用児や障害者手帳をもたない軽度難聴児の中には，相手の顔を見なくても会話できるのに，難しい単語や助詞が聞き取れない例がみられる。ある人工内耳装用児は「黒板に消した」と書き，周囲の大人を「この子は聞こえると思っていた」と驚かせたが，この生徒は「黒板●消してね」（●はあいまい）と聞こえていたのであろう。

　ほかの聴覚障害児は，「兄は妹より5kg重い。兄は30kg。妹は何kgか」で正しく作図したが，「AはBより5kg重い。Aは30kg。Bは何kgか」で作図できなかった。この生徒は，前者の文では，「通常，兄は妹より重い」という知識を利用して作図したのであり，「は」や「より」という助詞を手掛かりにした読解が難しいことがうかがえる。生活言語の世界では，単語さえ聞き取れれば対処できる場合が多いことに留意する必要がある。

　また，手話ができても日本語が覚えられない例も多い。例えば，「いただきます」の手話（日本人が食事の前に行う動作）ができても，「いたきます」などと書く例がある。聞こえる子どもでも「とうもころし（とうもろこし）」「ふい

理解語彙
読んだり聞いたりしたとき，理解できることば。

使用語彙
自分が話したり書いたりしたときに，実際に使えることば。

9歳の壁
p.93参照。

生活言語
p.64参照。

学習言語
p.64参照。

んき（ふんいき）」と間違える例があるが，聴覚障害児は，「耳ぶた（耳たぶ）」「かとげ（とかげ）」のような音節の入れ替え，「すぐしい（涼しい）」「わさす（渡す）」「きない（来ない）」「しつこい（失恋）」のような間違いが非常に多くみられる。

　この手話と日本語の間の距離は，学習言語において拡大する。例えば，「書く」と「執筆する」は同じ手話になるが，「名前を書く」は言えても「名前を執筆する」は言えない。「将軍／執権／大将／元帥」などの単語や「つくる力が伸びた／生産力が向上した」などの文章を，指文字や口形を使わない手話で区別して伝えることは難しい。「車庫で棚をつくる／車庫に棚をつくる」など，助詞が異なると意味が微妙に変わるが，同じ手話表現になる例が多い[14]。

　日常会話はおよそ問題なくできるのに，教室の中で使われる日本語（学習言語）の理解が難しいニューカマー児童に対して，第一言語（当該児の母語）による認知・思考力を十分に伸ばす必要性を指摘する研究者がみられることから，聴覚障害児に対しても手話を第一言語とする「バイリンガルろう教育」を主張する人がみられる。「むやみに」を「むやり？」「もやし？」などと聞き取る例があることから，伝達を確実にするために，また，聞き取りに必要なエネルギーを減らして思考に回すためにも，手話や指文字，口形（読唇・読話）は最大限に活用される必要がある。しかし，いくら「やま」と言ったり指文字で「やま」と表したり手話で「山」を表したりしても，「mountain」という英語の綴りの正確な記憶に直結しないことからわかるように，日本語の獲得や定着のためには，日本語を直接使う経験の蓄積が必要である。この際，「エムオーユーエヌ…」より「マウンテン」のほうが覚えやすくなるのと同じように，口話には日本語を覚えやすくする面があることを忘れてはならない。

（２）認知特性を考慮に入れた指導

　発達検査によって「聴覚優位型／視覚優位型」「継次処理型／同時処理型」がわかるようになった。特別支援学校では，認知特性に偏りがある児童生徒が多いことから，認知特性を考慮に入れた指導がひときわ求められる。聴覚障害児は，視覚優位型や同時処理型が多いとされているが，聞こえていても視覚優位型や同時処理型がみられるのと同様に，聴覚障害児でも聴覚優位型や継次処理型が時々みられることに留意する必要がある。

　以下，視覚優位型や同時処理型に有効な指導例を紹介する[15]。
・情報伝達に際して，文字を活用する（板書やカード，プレゼンテーションソフトを用いる）。
・長文より短文を効果的に組み合わせる（長文で説明しても頭に入りにくい）。
・主題を板書してから説明に入る（主題から内容を推測しやすい）。
・図式や絵で直観に訴えるような教え方を多くする（日本語の長文による説

バイリンガルろう教育
第一言語は日本語と異なる言語であり，音声を伴わない日本手話言語，第二言語は書記日本語とする教育。

読唇・読話
唇の動きから話の内容を読み取ること。

聴覚優位型／視覚優位型
発達検査（WISC-Ⅳなど）によって聴覚と視覚のどちらをより活用するかなどがわかるとされている。

継次処理型／同時処理型
発達検査（K-ABC）によって，情報処理の仕方の特徴がわかるとされている。

明より，直観に訴えるような説明によって理解させたあと，日本語によるまとめや押さえを大事にする）。

・「全体から部分へ」の指導法を多くする。「結論先行型」や「公式先行型」のほうが理解されやすい。「部分から全体へ」に対応できれば，「a である。b である。c である。これらの a,b,c から，まとめとして〈結論・公式〉が導かれる」（a～c は「部分」，〈結論〉は「全体」となる）のような順序による説明でも理解できるが，「全体から部分へ」のほうが理解しやすい場合には，「〈結論・公式〉がある。それが導かれる理由は，a，b，c である」のような順序による説明のほうが効果的である。

発問の仕方として，「開かれた質問」（文章で答えるもの）と「閉ざされた質問」（「はい／いいえ」で答えるもの）があるが，聴覚特別支援学校では，「開かれた質問」で思わぬ方向に向かい，軌道修正が大変になることがよくある。授業は「時間との戦い」であるので，限られた時間である方向に進ませたいときや軌道修正を迅速に行いたいときは，「閉ざされた質問」を有効に使うとよい。その一方で，「開かれた質問」に対応できる力も大切なので，「閉ざされた質問」ばかりにならないように留意する。説明に行き詰まったときは，無理に説明を重ねず，答えをあっさりみせ，生徒が「あっ，そういうことか」と言ったら，そのわかったことを文章化させ，教科用語を使って肉づけするという手法がよい場合が多い。

特に間違いの修正や指導では，「同時参照」を大切にする。例えば，a を b と間違えたとき，一般の子どもは「a だよ」と指摘されるだけで，頭の中の b と対照させ，「b ではなく a」と自己修正できる例が多い（筆者はこれを「継次参照」と称している）が，聴覚障害児の場合は，見た目が似ているとその後も混同が続く場合が多いので，a と b の両方を文字で示し，「自分はその二つを混同していた」と意識化させるようにする（筆者はこれを「同時参照」と称している）。トラブルの指導の際も，「A さんはこんな気持ちだった。どうすればよかったか」よりは，「A さんの気持ちは～。あなたの気持ちは～」と文字化し，同時に見比べてよりよい解決方法を考えさせるようにするとよい。

（3）算数・数学における指導の留意点

教科指導の例として，算数・数学を取り上げる[16]。聴覚特別支援学校の中学部や高等部では，その段階の計算問題はできるのに小学校の文章題が解けない例が多い。その原因として，言語発達の課題や彼らに特有な認知の仕方などが考えられる。

① 新出語の説明の仕方の工夫 「新出語を先に提示して説明する」方法と「概念をつかませてから新出語を提示する」方法のどちらがよいかを考える。

②　**手話と口話，文字を組み合わせる必要性**　「6割抑えた／6割に抑えた」などを短い手話で区別して表すことは難しい。「AはBより重い」でどちらが重いかについて，教員が右左を効果的に用いる手話で読むとすぐにわかるが，文字で示すとわからない例がかなりみられる。このように，手話だとヒントを与える場合があるので，文章題はあらかじめ紙に写しておくとよい。聴覚障害児は出てくる順番や位置を手掛かりにして解く場合があるので，試験前に文章題の紙をランダムにみせて取り組ませると総復習につながる。また，授業中別の問題との混同の可能性に気づいたとき，すぐに「同時参照」させることで，細かい違いに気づかせ，改めて整理させることができる。

③　**子どもの発言を掘り下げて本質に迫らせる発問技術**　解決方略を選んだ理由を説明させると，「反対だから」としか答えない場合が多いが，「何が反対なのか」まで説明させるようにする。例えば，「逆数」を学習し，「① 10の2倍は（　）」と「②（　）の2倍は10」に正答するようになったが，「（　）は10の2倍」に対して「① と反対だから，×の反対の÷を使う」と答えた例がかなりみられた[17]。直観的な把握にとどまる子どもは「反対だから」で思考停止しがちなので，「本質的な『反対』」と「見かけの『反対』」の区別のためにも，教員は発問の仕方を工夫し，物事の本質に迫らせる必要がある。そのために，回答が短いときは，詳しい回答を求めることも大切である。

④　**目に見えやすいものや直観の利用**　単位あたり量の指導では，直観的で目に見えやすい「混み具合」や「濃度」の問題から入ると理解されやすい。その一方で，絵を安易に用いることにより，その絵の中の本質的でないものに引きずられて本質的な理解が遅れた例もあるので，注意が必要である。

⑤　**身体を使った思考の活用**　「基本量」と「比較量」（小数，分数，百分率など）の関係を，両手の指を用いてつかませると，「～は～の3分の2」のような文章題が解けるようになった例[13]や，空間を使い分ける手話で文章題を読ませると正答率が上昇した例[18]がある（図3−4）。「並べ替え」と「移項」の混同などは，手話の工夫によって減らせる場合が多い。

⑥　**認知特性（視覚優位型・同時処理型）への配慮**　「全体」が見えないと「部分」を説明されても積み上がらない例，教員に手引きされてゴールしても自分のたどった道筋を理解しない例が多いので，授業では，山場を早く越え，その後の振り返りをていねいに行う方法が効果的である。また，少ない事例を使って細かく説明するよりは，多くの事例を通して直観的につかませることをねらう授業も大切である。

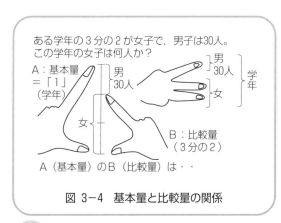

図 3−4　基本量と比較量の関係

⑦　**過去の単元との「同時参照」の必要性**　　通常の学校では，各時期の試験である単元だけを取り上げる方法がよく用いられる。「継次参照」が可能な子どもは，例えば，「2次関数」に取り組む中で，自分の頭の中で学習済みの「2次方程式」で求められる解法との「継次参照」を行うので，その後の模擬試験などで「2次方程式」や「2次関数」の問題が混ざっても解法を適切に使い分けたり求められる形式に合わせて解答できる。しかし，聴覚特別支援学校では，「展開，因数分解，2次方程式を解く，2次関数の頂点の座標を求める」の解法や答え方の混乱が多いので，各単元で「2次方程式を解く問題はどんな問題だった？　どんな形で答えた？　2次関数の頂点を求めるときは？」などと問いかけ，学習済みの単元との「同時参照」を意図的に行わせる必要がある。

⑧　**道筋が見える教え方の大切さ**　　聴覚特別支援学校では，その授業の流れが一目瞭然となるような板書が大切である。また，らせん状の進め方のほうが，「この過程にはこんな意味があったのか」と改めて気づくなど，大きな効果がある。範囲が広くなるとできなくなる聴覚障害児が多いので，「展開，因数分解，2次方程式，2次関数の頂点を求める問題は，それぞれこのような問題で，このような解法で，このような形で答える」のように全体が見渡せる一覧表をつくると，幅広い問題に太刀打ちできるようになる。

> **らせん状の進め方**
> 1巡目は類題を見て解かせる。2巡目は，問題だけを見て解かせる中で，公式を選ぶポイントを整理したり重要語を教えたりして肉づけする。

⑨　**年齢や認知特性に応じた図式使用の促し**　　小学校では，「絵の使用を促す読み」が求められることが多いが，中学部以降は，「図式の使用を促す読み」が効果的な場合が多い。文章をていねいに読ませて細かいイメージ化を求めると，文章題に嫌悪感を示す生徒が多いので，不必要な語を線で消し，残った語から数字と求める答えの関係を図式的・直観的に考えさせるほうがよい場合もある。また，「作図法」と「立式法」があり，中学部以降では，前者は使えないままだが，後者で解けるようになる例が多いため，小学部の段階では，文章題は解けなくても計算だけは学年相応で進めるようにしたいものである。

⑩　**計算問題と文章題の指導に費やす時間のバランス**　　聴覚特別支援学校では，文章題に苦手意識をもつ生徒が多いことや，文章題の指導は長い説明が多くなることから，特に新転任の教員の場合は文章題に割く時間が少なくなる傾向にあるが，生徒の関心を引き出したり直観に訴えたりして文章題に取り組ませ，生徒の思考力を高めることが大切である。

⑪　**集団での意見交流**　　集団人数の制約は，意見交流の機会の減少につながりがちである。同じ内容でも教員から言われるより同級生から言われるほうが，思考の深まりにつながりやすい。例えば，「『合わせて』があるから『＋』を使う」という発言に対して，「『AとBを合わせると7個。Aは3個。Bは何個か』では『＋』を使わない」という反論が出されると，「＋」を使う必要性の見分け方の理解につながるであろう。また，フローチャートをつくる力やアナロジーの力が弱いので，集団の力の利用が大切になる。生徒人数が少ない

> **アナロジー**
> analogy
> 類似しているものから推測する。

場合は，教員の働きかけに工夫が求められる。

⑫　**統括的理解の必要性**　　聴覚特別支援学校では，知識を授けても断片的な記憶にとどまることが多い。中学部のテストで「半分＝0.5＝5割＝50％」と書けるようになった生徒が，上述した指を使った表現で，「あっ，"半分" と "0.5" は同じだ」と叫んだので，教員が「テストではできていたのに」と言うと，「（指を使って）今，本当にわかった」と言った例があった。ほかにも，生物で，細胞に関する問題に正答できたのに，「人間の身体の中に細胞はいくつあるか」に対して「46，23」などと答えた例，地理で，赤道を学習したが，「そこに行けば赤い道がある」と思っていた例のように，聴覚特別支援学校では，ある事象をいろいろな事象と正確に関連づけて理解させることの難しさが以前から指摘されている。断片的理解ではなく統括的理解にまで進ませたいものである。

（4）障害認識や社会性も大切に考えて接する必要性

　「学力はあるかもしれないが，社会性や人間性の面でどうか」と感じる例もみられる。口話にしがみつき，手話を否定する聴覚障害児者や，逆に手話にしがみつき，口話を否定する聴覚障害児者には，いろいろな立場の人がいる社会で遅かれ早かれ摩擦が生じる確率が高い。筆者は，「障害認識」を，「聴覚障害児者であることに誇りをもつこと」だけでなく，「いろいろな立場の人（聴者，難聴者，ろう者など）と共存できること」ととらえている。聞こえる人が圧倒的に多い日本語社会で求められる行動様式を理解したうえで，多数派と少数派が共存できる世の中に向かうようみずから働きかける力の育成も大切である。具体的にいうと，「ろう者に対する理解が足りない」と言うのは簡単だが，「どこまで聞こえて，どこからが聞こえないのか」などを相手にわかりやすく説明する力，「自分は聞こえないからこれはできない」と言うだけでは「自分の要望は通ってあたりまえ」「解決方法を考えるのは私ではない」のようなイメージを与える場合があるため，「自分は聞こえないからこれはできないが，この方法だったらできる」のような言い方もできる力が必要である。また，「ストレートな言い方」だけでなく，「オブラートに包んだ言い方」もできる力，「ノートを忘れました」と報告するだけでなく，「ノートを忘れたので，紙を数枚ください」のように解決方法や自分の希望も添えて言う力も必要である。

障害認識
自分の障害をどう受け止め，他者に働きかけるかは，社会生活を送るうえで大切である。

（5）時間の制約の中で「準ずる教育」を追求する必要性

　1889年に石川倉次は，a）「常人の談話文章を誤りなく知るの方を我らに教え玉へ」，b）「我らの思想を誤りなく常人に通ずるの方を我らに教え玉へ」，c）「最も少時間を以て最も覚易くして教え玉へ，一を知れば十をば我等自身にても推し知られ得る様に導かれよ」，d）「我ら自身にて知り得る事物をば教え玉

石川倉次（1859〜1944）
日本点字の父といわれる。1889年に『唖生の希望』の中で教員の心構えを記した。

「ふな」などと記している。この a）と b）は、「聞こえる人の話や書かれた文を理解できる力」や「聞こえる人に自分の考えを伝える力」を培う大切さ、すなわち本節の1）で述べた「書記日本語指導の難しさを念頭に置いた指導の必要性」と関連する。また、c）と d）は、「最小の時間で覚えやすく指導すること」や「自分でわかることはわざわざ教える必要がないこと」、すなわち本節の2）で述べた「聴覚障害児の認知特性を考慮に入れた指導の必要性」と関連する。

　知的障害のない聴覚障害児に対しては、「準ずる教育」、すなわち中学校や高等学校と同じ学習目標の下に授業を行う必要がある。聴覚障害児の伸びしろを過小視せず、限られた時間の中で個々の障害の状況や認知特性に応じて口話や手話を効果的に組み合わせながら、高い日本語力や学力を獲得させる授業が求められる。

準ずる教育
「特別支援学校は（中略）中学校又は高等学校に準ずる教育を施す」と学習指導要領に定められている。

5　自立活動

（1）聴覚障害教育における「自立活動」

　聴覚に障害がある場合には、聞こえにくい特性があるため、音・音声情報を受け取りにくい。そのため、言語の受容・表出の困難性、聴覚を通して得る情報の不足、言語概念の形成の困難、自分の音声の**聴覚フィードバック**が困難なことによる発音の不明瞭さ、ことばによる意思疎通の困難などの状況が生じることがある。乳幼児期から、学齢期（小・中）、進学や就労を控えた高等部年齢まで、それぞれの個々の幼児児童生徒の発達と学習・生活場面を踏まえた「自立活動」の指導が必要となる。指導の内容は、保有する聴覚を補聴器または人工内耳を活用したり、視覚からの情報を活用したりして外界を認知する力を高めるとともに、発音指導や言語概念の形成を意識しながら、コミュニケーション力を育成する。

聴覚フィードバック
自分の音声を聴取すること。発話の高さや強さの調節に重要な役割を果たしている。

（2）聴覚特別支援学校の「自立活動」の歴史的経緯

　障害の状態を改善・克服するための「自立活動」の指導は、聾学校（当時）が開設された草創期から、障害のある幼児児童生徒の教育の大切な指導として認識され、さまざまな取り組みが行われてきた。1964年3月に告示された「聾学校学習指導要領小学部編」において、障害の状態の改善・克服を図るための指導が位置づけられ、聾学校においては聴能訓練を「国語」と「律唱」に、言語指導を「国語」に位置づけて、教科の中で指導が行われていた。しかし、教科の授業の中で行うために、部分的な指導しか行うことができず、系統的・継続的な指導を行うための独立した領域として指導の時間を設定する必要性が求められていた。

聴能訓練
auditory training
難聴の人が残っている聴力を最大限に生かせるようにする諸訓練のこと。学校教育では、「聴覚学習」の用語が用いられる。

律　唱
音楽の前身。リズム活動を通じて、児童の情操の発達を目ざし、リズム面から話しことばの使用を効果的にするための教科。

　このような状況を背景に，1970年の教育課程審議会の答申では「心身に障害を有する児童生徒の教育において，その障害からくる様々な困難を克服して，児童生徒の可能性を最大限に伸ばし，社会によりよく適応していくための資質を養うためには，特別の訓練等の指導が極めてれ重要である」とされ，各教科，道徳科および特別活動とは別に「養護・訓練」（自立活動の前身）の時間を特設する必要が提言された。そして1971年3月の特殊教育諸学校の学習指導要領に，養護・訓練（4区分：心身の適応，感覚機能の向上，運動機能の向上，意思の伝達）が創設された。

　その後は学習指導要領の改訂のたびに検討・改善が行われ，1989年から「養護・訓練」は5区分（身体の健康，心理的適応，環境の認知，運動・動作，意思の伝達）に見直され，1999年からは養護・訓練は自立活動となり，わかりやすい区分の表現（5区分：健康の保持，心理的な安定，環境の把握，身体の動き，コミュニケーション）となった。2009年には，「人間関係の形成」が加わり6区分となり，2017年の特別支援学校学習指導要領の自立活動に継承され，従来の区分そのものは変わらないが，2013年に制定された「障害を理由とする差別の解消の推進に関する法律」（以下，障害者差別解消法）の動向を踏まえて，「健康の保持」に，新たな項目として「障害の特性の理解と生活環境の調整に関すること」が加えられた。

　学習指導要領に示されている自立活動では，幼児児童生徒等の個々の障害の状態を総合的に改善する必要があるという認識から，その目標および内容は，障害種別ではなく**視覚障害・聴覚障害・知的障害・肢体不自由・病弱**に共通することとして示されている。聴覚障害教育の「自立活動」では，共通で示された学習指導要領の自立活動の内容を踏まえて，この中で聴覚障害に関係する事項に焦点をあてて指導を行うことになる。さらに，学習指導要領の自立活動の

視覚障害・聴覚障害・知的障害・肢体不自由・病弱
学校教育法に示されている特別支援学校が対象とする障害種別。

図3-5　「養護・訓練」および「自立活動」の変遷

内容のすべてを，個々の幼児児童生徒に対して行うということではないことを
理解しておかなければならない。

（3）インクルーシブ教育システムや法令の動向に対応した「自立活動」

　2013年の障害者差別解消法の制定，そして2016年4月の施行を踏まえて，2017年の学習指導要領に示された自立活動では，次の視点が考慮されている。

　自立活動は，障害による学習上または生活上の困難を改善・克服するために，幼児児童生徒が困難な状況を認識し，困難を改善・克服するために必要となる知識，技能，態度および習慣を身につけるとともに，「自己が活動しやすいように主体的に環境や状況を整える態度を養うことが大切である」という視点である。障害者基本法第4条で示されている，「社会的障壁の除去」は，それを必要としている障害者本人が，「活動しにくい環境や状況にあることを認識していると」いうことが前提である。このことに関して，自立活動の「環境の把握」の区分では「感覚を総合的に活用した周囲の状況についての把握と状況に応じた行動に関すること」の項目が示されており，関連があることがわかる。さらに，障害者差別解消法第7条，8条に示されている「意思の表明があった場合」については，「自分が求める環境や状況に対する判断や調整のための依頼の仕方」を学ぶ必要があるといえる。

社会的障壁
障害がある者にとって日常生活または社会生活を営むうえで障壁となるような社会における事物，制度，慣行，観念その他一切のもの。

学習指導要領の自立活動の「コミュニケーション」の区分には「状況に応じたコミュニケーションに関すること」の項目が示されており，新たに制定された法令等を踏まえて，自立活動の項目を相互に関連づけ具体的な指導内容を設定し指導する必要性が生じているのである。

　障害者差別解消法の施行に伴い，学校教育における個々の幼児児童生徒に必要な合理的配慮は，本人・保護者との，合意形成を踏まえて実施していくことになるが，具体的には聴覚障害のある幼児児童生徒本人から，例えば「授業中の板書は見えているか」「どのような教材を提示すればわかりやすいか」「ディスプレイの文字情報は必要か」「補聴器や人工内耳を装用した状態で教室の雑音をどの程度軽減すれば聞き取りやすいのか」「コ

図3-6　内閣府　障害者差別解消法の広報ポスター

ミュニケーション手段としてどのような方法がわかりやすいのか」「先生の話には印刷した文字情報が必要かどうか」など，自分の学習活動に必要な合理的配慮を確実に説明できる力を育成しなければならないわけである。このことは，今後の**インクルーシブ教育システム**下での学習を通じて，就労・社会参加するまでに身につけなければならないことといえる。これからの自立活動の指導においては，合理的配慮の提供に必要とされる知識・技能との関係について，十分考慮して指導することが求められている。

インクルーシブ教育システム
充実した教育の下（合理的配慮の提供の下）で，障害のある者と障害のない者がともに学ぶ仕組み。

（4）聴覚障害の実態把握と自立活動

　各教科等において育まれる資質・能力は，幼児児童生徒の生活年齢や発達段階に即して系統的に配列されている目標や内容を指導していくことで，知識および技能の習得，思考力・判断力・表現力の育成を目ざしている。しかし，障害のある幼児児童生徒は，その障害の影響によって，各教科等において育まれる資質・能力の育成につまずきが生じやすい。そのため，個々の実態把握から導かれる「人間としての基本的な行動を遂行するために必要な要素」および「障害による学習上または生活上の困難を改善・克服するために必要な要素」に着目して指導する必要があり，これが自立活動である。聴覚に障害のある幼児児童生徒の実態把握では，聞こえの発達，コミュニケーションの状況，障害の理解の状況を踏まえて指導を行うことが重要になる。

1）聞こえの発達について

　新生児聴覚スクリーニング検査で，生後間もなく聴覚障害の有無を判定することができるようになり，医療・療育機関，補聴器専門店，教育の専門家と養育者が連携を取りながら実態把握や**教育的対応**を進めていくことになる。聴覚障害の原因，部位，程度などについての基本的な理解をはじめ，聴覚障害の判断基準，聴力レベル，養育環境，補聴器をはじめとする聴覚補償機器の操作・調整状況・人工内耳の手術後の医療との連携状況など，さまざまな実態の把握が不可欠となる。聴覚障害の子どもが，補聴器等を利用して聞こえを発達させる道筋は，養育者や専門家の注意深い配慮や意図的な早期からの介入支援に支えられている部分が少なくない。また，聞こえに関する実態把握は，聴覚を活用しやすい環境整備の判断にも深く関係する。

教育的対応
学校教育では，学習指導要領の内容・対象については「教育」が使われるが，教育に準じる年齢・対応等の場合には「教育的対応」の表現が用いられる。

2）コミュニケーションの状況

　聴覚に障害があると，「コミュニケーションに用いられる聴覚－音声の感覚経路のチャンネルが円滑に働かないために，音として表される様々な情報が子供に伝わりにくい」[19]のでコミュニケーションの発達に影響が生じ，音への気づき・音声の産出，他者の音声に反応することが円滑に進まないことがある。自立活動では，保有する聴覚の活用を促進する支援・指導を行うが，その一方で指導者が音や音声の発達だけに意識を向けすぎると，個々の子どもの聞こえ

の状況によっては，コミュニケーションの意欲を低下させてしまう場合がある。聴覚に障害のある子どものコミュニケーションの発達においては，視覚を用いたコミュニケーションの取り組みも重要であり，さまざまな集団の中で，他者とのコミュニケーション経験を積み，日本語でのコミュニケーションの力を育てていくことが重要になる。

3）障害の理解の状況

聞こえにくい子どもたちの学習・コミュニケーションの発達・社会自立を考えるときには，本人が自分の障害のことを正しく知り，**自己肯定感**をもって，将来の積極的な社会参加や自己実現に向けて成長できるように，周囲の関係者がかかわることが大切である。聴覚に障害のある人びとの社会参加の様子や問題解決の方法などについて自立活動で取り上げ，話し合っていくことが求められる。

自己肯定感
自分のあり方を積極的に評価できる感情，みずからの価値や存在意義を肯定できる感情などを意味する。

（5）聴覚障害教育における具体的な自立活動

聴覚障害教育では，自立活動の健康の保持・心理的な安定・人間関係の形成・環境の把握・身体の動き・コミュニケーションの区分を踏まえたうえで，個々の幼児児童生徒の実態に応じて，聴覚活用，発音指導，言語指導，コミュニケーションに関する指導，障害認識にかかわる指導などを行う。具体的な指導内容と自立活動の区分は相互に関連しており，個別の指導計画を作成し，ねらいを明確にして指導を行う。

1）聴覚活用について

日本では新生児聴覚スクリーニング検査によって，聴覚に障害があることが生後1週間程度でわかるようになっている。そのため，聴覚特別支援学校での聴覚活用に関する教育的支援や指導は，0〜2歳児，3〜5歳児，学童期（小学部），中・高等部年齢のそれぞれの時期で，成長・発達段階に応じた指導を行うことになる。

補聴器や人工内耳装用開始時期から行われる聴覚学習では，音に気づくこと，音の弁別などを促進する教育的支援が行われる。子どもの成長・発達に伴い，多様な音・音楽の聞き分けや，ことばの聞き取りへと進展していく。個々の子どもの聴力の違いにより，例えば2,000〜4,000Hzの音が聞き取れるかどうかは，電子レンジや電話の呼び出し音（比較的に高い周波数）の聞き取りに関係したり，子音の「さ」や「し」が聞き取れるかどうかに関係してくる。補聴器等の調整も重要であり，実態を踏まえて聴覚活用を促す指導を行う。

① **聴覚活用に関する実態把握**　　聴覚活用を行うためには，聴覚・聴力の実態把握として，聴力検査（学校教育では「聴力測定」という）を踏まえて教育的支援や指導を行うことになる。行動観察・純音聴力検査・語音聴力検査・補聴器装用閾値検査などの検査結果を踏まえながら，医療・療育機関，補聴器専

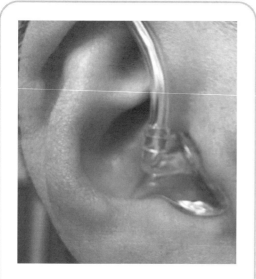

図 3-7　イヤモールドを耳につけたところ

門店，養育者と連携を取り，保有する聴覚の活用を促進する取り組みを行う。教科指導の場面においては，授業で補聴器や人工内耳がどの程度活用できるのかということはきわめて重要であり，コミュニケーション手段の選択にもかかわるところである。

② 主な指導内容（例）

a. 補聴器（人工内耳）の取り扱い：スイッチの ON-OFF，水泳の授業の際の取り外し，湿気対策，ていねいな取り扱い（高価な機器），イヤモールド（図3-7）の洗浄，電池の管理など。

b. 補聴器（人工内耳）の装用習慣：初めて補聴器を装用したときは，少しずつ装用時間を延ばす練習を行う。耳が疲労したときや疾病のときには，補聴器をはずして耳を休ませる。

c. 音・音楽の聞き取り：音の ON-OFF，音源探し，今月の歌の弁別，リズムに合わせた動作，音遊び（椅子取りゲーム）など。

d. ことばの聞き取り・聞き分け（弁別）：名前を呼ばれたときの挙手，ことばの聞き分け（違う・同じ）など。

e. 聴力・補聴器等についての知識：聴力測定の知識，オージオグラムの見方，普段の聴力を知っていること，補聴器のチェック（マイク・電池の電圧），T 回路の切り替えなど。

f. 環境音についての知識：騒音計を使った音圧調べ，聞き取りやすい声の大きさ，雑音等の軽減に関する合理的配慮の理解，机や椅子の脚への雑音対策（脚に使い古しの硬式テニスボールをつけることが効果的である，図3-8），電磁波を発生するコンピュータ機器からの影響，スマートフォンの電波の影響など。

図 3-8　騒音計での計測（左）と雑音対策（机や椅子の脚）（右）

　g. **聴覚活用への関心・意欲**：自分から音源・話者を探す，傾聴，聞こえの状態の自己管理，楽器演奏，話者にFMマイク等の使用を依頼するなど。

　h. **騒音下での聞き取りと自分での調整**：大きな音（騒音下）での聴取経験，ボリュームの調整，不快音の理解と補聴器の最大出力音圧の調整。

　２）**発音指導について**

　指導者は発音指導（構音指導）を開始するうえで，発音にも発達段階があるということを理解したうえで指導を行わなければならない。新生児はすぐに日本語の音韻のすべてを話すのではなくて，喃語や乳幼児期の幼児語の発音段階を経て，小学生年齢になるころになると，ほぼすべての日本語の音韻を産出することができるようになるのである。聴覚障害教育での発音指導は，補聴器が開発されていない時代から，声帯振動を手で触って感じたり，呼吸の強さや舌の位置を筋肉感覚で感じたりしながらさまざまな指導が行われてきた。補聴器・人工内耳が開発された現在では，自己音声のフィードバックをもとに発音指導を行ったり，ICT機器の情報を視覚的に活用して指導を行うことが増えてきている。

　① **発音指導に関する実態把握**　　発音指導に際しては，まず，構音器官（顎，歯，口唇，舌など）の状況を把握する。構音器官が動きにくいときは，学校での歯科検診などで，診てもらう必要がある。乳幼児期では発音の発達段階，学齢期では**発音明瞭度検査**の結果などをもとに指導を行うことになる。個々の子どもの聴覚活用の程度は発音の明瞭度と深く関係しており，聴力測定の結果と，発音指導を行う音韻の周波数特性について指導者は把握しておかなければならない。聴覚に障害のある子どもにとって，補聴器や人工内耳を活用しても聞こえにくい音韻の指導は，練習意欲やコミュニケーション意欲を低下させることがある。発音指導は，幼稚部や小学部での指導だけでなく，職場実習を目前に控えた中学部や高等部時期に，「実習先で，きれいにあいさつしたいので発音指導を受けたい」というニーズが出てくる場合もある。

　② **主な指導内容（例）**

　a. **構音器官関係の指導（呼気，声，舌，顎，唇など）**：呼気（無声音）の指導で，声帯を振動させずに安定して息を出し続ける。声（有声音）の指導では，声帯を振動させて，母音を長く出す（長母音）ことと，短く区切って声を出す（短母音）ことの練習を行う。

　b. **音韻（母音，子音）**：母音（あ・い・う・え・お）と，子音（か行・さ行・た行・な行など）の練習を行う。聴覚障害教育では，通常は，有声の母音は赤色，無声の子音は青色を用いて教材を作成する。

　c. **単語の使用・文章内で単語の使用**：練習に取り組んでいる音韻を含む単語の練習を行う。例えば，「さ」を練習しているときには，「さ」が語頭にくる「さかな」，語尾「ひがさ」，語中「はさみ」の単語を読んで，口慣らし（滑ら

発音明瞭度検査
文字を提示し，発語させることにより，誤りの傾向を把握する検査。発話明瞭度検査ともいう。

113

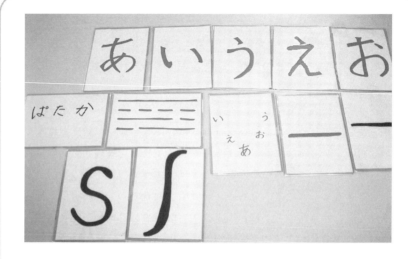

図 3-9　発音指導の教材（例）

かに発音できるように声に出して読む）を行う。難易度は，語頭 ＜ 語尾 ＜ 語中である。次に，練習している単語を含む文章をつくって音読する。

3）言語指導について

　聴覚障害教育における言語指導（国語の習得を図るための指導）は，きわめて重要な教育的営みになる。聴覚に障害があると，聴覚的情報が制限されがちであり，情報を聴覚的に受容する際に重要な役割を果たすものが言語であることを考慮すると，言語習得や言語概念の形成のために言語指導は特に重要になる。

　①　**0～2歳児の言語指導**　聴覚に障害のある乳幼児に対しては，聴覚特別支援学校のセンター的機能の一環（教育相談）として養育者にかかわることになる。教育相談担当者は，医療機関等との連携の下に，乳幼児の保有する聴力を活用する指導として，補聴器の装用に関することや発語に関する教育的支援を行うことになる。特別支援学校教育要領は幼稚部のことを示しているが，教育相談では，指導者は0～2歳の乳幼児期から，聴覚活用や言語指導にかかわることになる。養育者には，0～2歳児に積極的にコミュニケーションを働きかける助言を行っていく。手話でのコミュニケーションが適する場合は，手話で0～2歳児の言語発達に即した支援を行っていく。聴覚に障害のある子どものほとんどは，この段階を経て，幼稚部段階に移っていく。

　②　**幼稚部段階の言語指導**　幼稚部では教科指導は存在しない。したがって，幼稚部の保育活動そのものが，ことばの習得のための言語指導にかかわる活動となってくる。「ひらがな」は小学校1年から学習するが，聴覚障害教育では，確実な日本語の読み・発音に結びつけていくために，幼稚部で「ひらがな」が読めるように絵カード等に文字を併記し，読みも同時に覚える指導を行う。絵日記やカレンダーを見ながら，過去・現在・未来のことをしっかりとこ

とばで話すことや，個々の言語力に応じた絵本の読み聞かせなどを行う。このようなことが，年齢に即した保育活動経験と相まって，読む力・話す力を育てていくことになる。自分の体験と心のありさまに即したことばを獲得することができるように，教員は，幼児のあいまいな話しことばや不完全な表現は，**口声模倣・手話模倣**を自然な形で行い，正しい日本語に導くようにする。すでに知っていることばは，次の段階を目ざして，例えば，「ちょうだい」→「○○ちょうだい」→「もうひとつ○○をちょうだい」と，1語文は2語文・3語文に，新しい語句を加えながら拡充模倣させ，使えることばを増やしていく働きかけを行う。

③ **学齢期の教科指導における言語指導への配慮**　言語指導は，自立活動の時間のみで行われているわけではない。「教科指導は，主として言葉を媒介として展開される。一般的には，授業という形態の中で知識の獲得・拡充が行われる」[20]。その際は，教員や児童生徒相互の話し合いでのコミュニケーション活動よって，その成否が問われることになる。教科指導は，コミュニケーション活動を基盤として，児童生徒のこれまでの経験を整理したり，発展させたりしながら指導内容の理解を図るわけである。「聴覚障害教育における言語指導は，まず，話し言葉によって言語習得及び言語概念の形成を図る。次いで，教科指導に入って，話し言葉から確実な表記の書き言葉へ移行することになる。書き言葉の内容の理解を図る指導のうち，特に文章等の「読み」の指導は，系統的な方法に基づき，根気強い指導を必要とする」[20]。教科指導において，理解が困難なことばについては，自立活動の時間に事前学習を行ったり，正しく表現させたりするための言語指導を繰り返すことが重要になる。教科指導が，教科書の語句説明に終始するようでは，教科指導の本来の目的を見失うことになる。そのため，学齢期以降の自立活動での言語指導は，教科指導での語句や意味理解につまずきが生じないように，学習内容と関連づけて言語指導を行う必要がある。

④ **中学部・高等部段階での言語指導**　中学部段階では，障害の受容，その改善や克服への努力，自己肯定感の育成など重要な課題がある。障害の受容

口声模倣
p. 83, 88参照。

手話模倣
指導者の手話と同じように，手話表現をさせること。

文部科学省著作教科書
文部科学省が著作の名義を有する教科書。
聴覚障害者用
〔小学部〕
●国語（言語指導）
1〜3年『ことばのべんきょう』4年『ことばのれんしゅう』5・6年『ことばの練習』
●音　楽
1年『たのしいおんがく』2年『たのしい音楽』3〜6年『音楽』
〔中学部〕
●国　語『言語編』

コラム　聴覚特別支援学校「国語」の教科書

聴覚特別支援学校の小学部・中学部を対象として，聴覚障害者用「国語」（ことばのれんしゅう）の**文部科学省著作教科書**が作成されている。聴覚障害児では，言語獲得以後に失聴した者や比較的聴覚障害の程度の軽い者を除けば，小学校の国語科指導の前提となる条件を十分に満たさずに入学してくることになるため，聴覚特別支援学校の国語科の教科書は小学校の前提となる基礎をつくる役割を果たすためのもので，国語科でも自立活動でも使うことができるようになっている。

と克服には，本人の自覚と努力，意欲が基本となる。身の周りの多くの人とのかかわりが，言語力・思考力を高めるきっかけとなる。他者とのかかわりの中で，本人の自覚を促したり，学習等に取り組む意欲を高めたりすることが必要である。

高等部段階では，敬語や言い回しなど，就労先や社会生活で使用される大人のことば使いに慣れるようにして，単にことばの意味を知っているというのではなく，社会常識を踏まえてどのような場面で，適切にことばを使うかという学習が必要となる。

4）コミュニケーションに関する具体的指導

学習指導要領の自立活動のコミュニケーション区分では，場や相手に応じてコミュニケーションを円滑に行えるようにすることが示されている。聴覚障害のある幼児児童生徒の自立活動では，すべての活動でコミュニケーションに関する内容が深く関係する。特徴的な内容は次のとおりである。

①　言語の受容と表出に関すること　話しことばや文字・記号等を用いて，相手の意図を受け止めたり自分の考えを伝えることができるようにする。音・音声が受け取りにくいことから，発音が不明瞭になったり，保有する聴覚を活用するために聞く態度を育てたり，補聴器等の活用に配慮した指導が必要になる。この分野の具体的指導については，前述した聴覚活用や発音指導が関係する。

②　コミュニケーション手段の選択と活用に関すること　聴覚に障害がある場合には，補聴器等を装用して聞くこと，読話すること，話すことや書くことのほかに，キュード・スピーチや指文字，手話を用いることがコミュニケーション手段として考えられる。手話は学習指導要領には教科として示されていないため，手話の学習は必要に応じて自立活動で取り扱うことになる。

読話は，補聴器等がない時代から行われてきたコミュニケーションの方法のひとつで，「声を見る」という性質を有している。話し手の口の形を読む練習を行うが，「い・き・し・ち・に」のように口形が同じだが聞こえ方は異なる場合（同口形異音）や，「石」「意思」「医師」のように，口の形は同じでも意味が異なる（同口形異義）ことばもあり，実際の活動場面を想定しながら練習することが重要である。また，話し手への注意集中が続くことへの疲労に対しても配慮が必要となる。

耳の不自由な方は筆談等しますのでお申し出ください

耳マーク

聞こえが不自由なことを表すとともに聞こえない人・聞こえにくい人への配慮を表すマークでもあります

図 3-10　耳マーク　「筆談等します」の掲示

出典）一般社団法人全日本難聴者・中途失聴者団体連合会

　筆談については，近年の自然災害時に交通手段や通信手段が途切れた事実を踏まえて，紙と筆記用具で会話をする方法として慣れておく必要がある。電車・バスの乗車中や駅構内の緊急放送についても，音声情報だけしか行われていない場合があり，周囲の方に「何が，あったのですか」と筆談でコミュニケーションできるように，メモと筆記用具での筆談を練習しておく必要がある。受付の窓口で手話通訳が配置されていなくても筆談の対応ができる掲示がされているところもある（図3-10）。

5）障害認識の指導

　「障害認識」の用語についての教育的な意味づけは，「積極的社会参加と自己像の確立に向けての認識」[21]を育てることを意図した意味を有している。聴覚障害のある幼児児童生徒は，経験が少ないことや課題に取り組んでもできなかった経験などから，自己に肯定的な感情をもつことができない状態に陥っている場合がある。その結果，活動が消極的になったり，自暴自棄になったりすることがある。このため，早期から成就感を味わうことができる活動，自己を肯定的にとらえられる感情を高める指導に取り組む必要がある。自立活動の時間などで取り上げる内容としては次のような例がある。

- ・聴覚障害についての理解：耳の構造や聞こえの仕組みなど，自分自身の聴覚障害を理解するための知識を学習する。
- ・補聴器等について：補聴器等の構造や操作の仕方，管理方法など。
- ・身体障害者手帳や福祉制度の学習：聴覚障害に関する福祉制度等が生活にどのように関係するか。
- ・将来について：仕事・生活などについて，話し合いをしてイメージをもつ。
- ・情報保障について：手話通訳や**ノートテイク**，情報保障の種類や利用の仕方，障害者差別解消法の合理的配慮など。
- ・聴覚障害者の歴史：ろうあ運動，欠格条項など。
- ・コミュニケーション：聴覚障害者のコミュニケーション。

ノートテイク
①記録を取る，②リアルタイムの情報保障の二つの意味があるが，通常は後者をさす。

演習課題

1．4歳児学級（4人）の2学期，「ママに爪を切ってもらった」というひとりの子どもの発言を取り上げて「話し合い活動」を展開してみる。まず，想定される展開例を書いてみよう。
2．「爪を切る」という話題から広がる可能性のある話題について，ウェビングなどの手法を使って構造化してみよう。
3．「虫取り」に関する話し合い例を参考に，「遠足」の事後指導における意図的な質問を10個程書いてみよう。
　　（例）遠足で一番思い出に残ったことは何ですか？
4．小学校国語科の教科書に載っている物語文や説明文の一段落か，二段落について，どんな発問をするか，また，仮想の特別支援学校（聴覚障害）の学級をイメージして，想定する子どもの答えを書いてみよう。また，子どもが誤ったときに，

どのような手立てを講じて答えに導くか，補助的な発問も考えてみよう。

5．あなた自身の昨日の日記を書いてみよう。その中には，様子を詳しくすること
ば（例　形容詞　形容動詞　副詞など）や感情語も入れ，第三者（あなたの友だ
ち）が読んでも，様子が手に取るようにわかる文を目ざそう。

6．第三者（あなたの友だち）が書いた日記を，特別支援学校（聴覚障害）の先生
になったつもりで添削してみよう。その際，友だちがポジティブな気持ちになり，
また，ことばの使い方についての学びがあるように工夫しよう。

7．2017年の特別支援学校学習指導要領の自立活動では，健康の保持の区分に，新
たな項目として「障害の特性の理解と生活環境の調整に関すること」が示された。
この項目は，聴覚障害の幼児児童生徒にとっては，どのような自立活動が必要に
なるか考えてみよう。

8．聴覚活用に関する指導内容を，参考文献やインターネットを活用して調べてみ
よう。

9．聴覚障害のある児童（小学部）の発音指導では，どのような教材が使われてい
るか，参考文献やインターネットを活用して調べてみよう。

10．障害認識に関する自立活動では，聴覚特別支援学校ではどのような取り組みが
行われているか，調べてみよう。

引用文献

1）中田洋二郎：親の障害の認識と受容に関する考察 − 受容の段階説と慢性的悲
哀：早稲田心理学年報第27号，83-92，1995.
2）板橋安人：聴覚障害児の話しことばを育てる −「発音・発語」学習の今，明瞭
性だけにとらわれない授業 −，p. 98，102，ジアース教育新社，2014.
3）文部省：聴覚障害教育の手引き〜多様なコミュニケーション手段とそれを活用
した指導，pp. 6 -20，海文堂出版，1995.
4）齋藤佐和編著：聴覚障害児童の言語活動，pp. 4 − 9，聾教育研究会，1986.
5）脇中起余子：「 9 歳の壁」を越えるために，pp. 25-27，北大路書房，2013.
6）岡本夏木：ことばと発達，pp. 31-69，岩波書店，1985.
7）齋藤佐和：わたりの指導とは（今月の言葉），聴覚障害，45，3，1990.
8）萩原浅五郎；九歳レベルの峠，ろう教育，昭和39年 7 月号・巻頭言，1964.
9）中野善達・齋藤佐和編著：聴覚障害児の教育，p. 68，福村出版，1996.
10）萩原浅五郎：今月のことば，ろう教育，19（ 7 ），1964.
11）掘田通：児童の日記文の内容と叙述力についての考察，全日聾研発表集録，pp. 82-
83，1977.
12）白田雅子：日記コンクールの作品にみられる語い・文型について，全日聾研発
表集録，pp. 164-170，1970.
13）脇中起余子：聴覚障害教育これまでとこれから，北大路書房，2009.
14）脇中起余子：よく似た日本語とその手話表現　第 1 巻，北大路書房，2007.
15）脇中起余子：視覚優位型・同時処理型の生徒に対する指導について − 算数・数
学の授業における試み，聴覚障害，67（ 5 ），4 -11，2012.
16）脇中起余子：K 聾学校高等部の算数・数学における「 9 歳の壁」とその克服の
方向性 − 手話と日本語の関係をどう考えるか（博士論文），2005.
17）脇中起余子：聴覚障害生徒にとっての「は」ないし「＝」の理解に関する一考
察 −「〜倍」文・「多い」文などを通して，ろう教育科学，40（ 3 ），131-146，1998.
18）脇中起余子：手話表現の仕方による算数文章題の正答率の違いについて，聴覚
害，53（ 7 ），10-14，1998.
19）国立特別支援教育総合研究所：特別支援教育の基礎・基本，ジアース教育新社，

p. 102，2009.

20）文部省：聴覚障害教育の手引き－多様なコミュニケーション手段とそれを活用
した指導－，p. 13，海文堂出版，1995.

21）国立特別支援教育総合研究所：一般研究報告書「聴覚障害児の障害認識と社会
参加に関する研究　－様々な連携と評価を中心に－（平成13～15年度）」，p. 2，
2003.

参考文献

1・中田洋二郎：発達障害と家族支援－家族にとっての障害とは何か－，学習研究
社，2009.

・大沼直紀他：教育オーディオロジーハンドブック－聴覚障害のある子どもたち
の「きこえ」の補償と学習指導－，ジアース教育新社，2017.

・ミルドレッド A グロード（岡辰夫訳，齋藤佐和監修）：自然法－聾児の言語指導
法，ジアース教育新社，2016.

・四日市章・鄭仁豪・澤隆史・ハリー クノールス，マーク マシャーク編：聴覚
障害児の学習と指導－発達と心理学的基礎，明石書店，2018.

3・国立特別支援教育総合研究所：特別支援教育の基礎・基本2020，ジアース教育
新社，2020.

・遠藤寛子・山本晃・鬼頭昌也「感情への気づきを促す心理教育プログラムの試
み　－小学生を対象として－」日本教育心理学会　平成29（2017）年
山本晃（2018）語彙力と語感を高め，語用能力を育む国語科教育
～日常談話を活かした「お天気メソッド」の開発と実践効果の検証～

・齋藤佐和他：作文力の総合的評価の試み－様子を表す語彙の使用について，養
護・訓練研究，2，77-79，1989.

・中野善達・齋藤佐和編著：聴覚障害児の教育，福村出版，1996.

・脇中起余子：聴覚障害教育これまでとこれから，北大路書房，2009.

・内田伸子：子どもの文章：東京大学出版会，1990.

・守屋慶子：心・からだ・ことば：ミネルヴァ書房，1984.

・ロバート・R・カーカフ：ヘルピングの心理学（産業カウンセラー協会訳），講
談社，1992.

5・文部科学省：特別支援学校教育要領・学習指導要領解説自立活動編（幼稚部・
小学部・中学部），2018.

・文部省：「聴覚障害教育の手引－聴覚を活用する指導－」，1992.

・文部科学省初等中等教育局特別支援教育課：「教育支援資料」，2013.

・藤本裕人：「聴覚障害児の理解と指導」杉野学・長沼俊夫・徳永亜希雄編著『特
別支援教育の基礎』，大学図書出版，2018.

・藤本裕人：「聴覚障害児・者の理解と心理的支援」田中新正・古賀精治『新訂障
害児・障害者心理学特論』，放送大学教育振興会，2013.

・大沼直紀監修・立入哉・中瀬浩一編著：「教育オーディオロジーハンドブック」，
ジアース教育新社，2017.

・永野哲郎：聴覚障害児の発音・発語指導－できることを，できるところから－，
ジアース教育新社，2017.

・板橋安人：聴覚障害児の「発音・発語」学習，聾教育研究会，筑波大学附属聾
学校，2006.

・板橋安人：聴覚障害児の話し言葉を育てる「発音・発語」学習の今，明瞭性だ
けにとらわれない授業，ジアース教育新社，2014.

難聴特別支援学級と難聴通級指導教室

1　難聴特別支援学級の教育課程

（1）聴覚特別支援学校と難聴特別支援学級，難聴通級指導教室

　聴覚障害のある子どもたちは，できるだけ早期に適切な対応を行う必要がある。そこで幼少期から聴覚特別支援学校の乳幼児教室や難聴児療育施設等での教育相談および支援が行われる。そして，小学校の入学時になると，聴覚特別支援学校の小学部に通学するか，通常の小学校に通う（**インテグレーション**）かを選択する。

　通常の学校を選択した場合は，さらに，毎日通う難聴特別支援学級（以下，難聴学級）か，時々通う難聴通級指導教室（以下，通級指導教室）による指導を受けるかを選択する（図3−11）。難聴学級では，小学校や中学校に準ずる教育を行いながら，聴覚障害による学習や生活上の困難を克服し，自立を図るために必要な知識や技術を授ける教育を行う。通級指導教室では，通常の学級に在籍している聴覚障害のある児童生徒に対して，週1回または2週に1回等の割合で障害に応じた特別の指導を行うことになる。

　難聴学級の対象は「補聴器等の使用によっても通常の話声を解することが困難な程度のもの」で，通級指導教室の対象は「補聴器等の使用によっても通常の話声を解することが困難な程度の者で，通常の学級での学習におおむね参加

インテグレーション
integration
聴覚障害の教育分野では通常の学級で学ぶ統合教育のことをいう。現在ではインテグレーションから，地域社会で個々の必要性に応じた支援の手だてを用意しつつ包み込むという意味のインクルージョン（inclusion）の流れになっている。

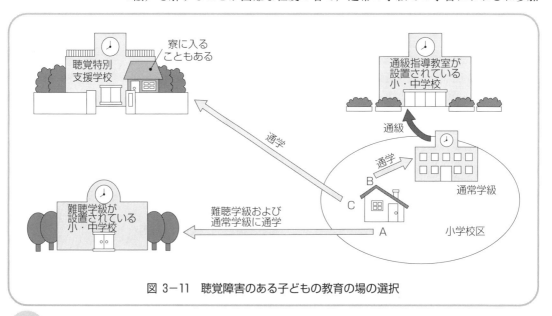

図 3−11　聴覚障害のある子どもの教育の場の選択

でき,一部特別な指導を必要とするもの」となっている(「障害のある児童生徒等に対する早期からの一貫した支援について(通知)」平成25年10月4日付25文科初第756号)。

これら教育を受ける場の選択については,地域の教育委員会における教育支援委員会(従来の就学指導委員会)において,当該児童生徒の聴覚障害等の実態と保護者の希望および教育・療育・医学などの専門家の意見,さらに聞こえの程度や難聴になった時期,**コミュニケーションモード**などを踏まえ,最も適切な場を総合的に判断する。

> **コミュニケーションモード**
> 聴覚,口話,手話,指文字などの諸手段。

(2)難聴特別支援学級の教育課程

難聴学級は,必要に応じ通常の小・中学校の中に設置される。障害の克服・改善を図るための「自立活動」の領域があり,発声発語の学習や補聴器の効果的な活用などが学習の主な内容となる。難聴学級に在籍する児童生徒の障害の程度や教育目標に応じさまざまな**教育課程**が編成される。具体的には,以下の手順で行われる。

① 児童生徒の障害の状態および発達の段階や特性などの把握。

② 教育目標・個人目標の設定。

③ 目標を達成するための指導内容の検討。

> **教育課程**
> 難聴学級では,その学級に在籍する児童生徒の障害に応じて特別の教育課程を編成することが法令上認められている(学校教育法施行規則第138条)。

コラム　特別支援教育に関する規定

学校教育法第81条第2項では,「小学校,中学校,義務教育学校,高等学校及び中等教育学校には,次の各号のいずれかに該当する児童及び生徒のために,特別支援学級を置くことができる。

1 知的障害者　2 肢体不自由者　3 身体虚弱者　4 弱視者　5 難聴者　6 その他障害のある者で,特別支援学級において教育を行うことが適当なもの」と規定されており,第72条に,聴覚障害者に対して,「障害による学習上又は生活上の困難を克服し自立を図るために必要な知識技能を授けることを目的とする」と規定されている。

コラム　難聴特別支援学級・難聴通級指導教室

障害の程度が軽度の子どもたちは,特別支援学級や通級による指導において,音やことばの聞き取りや聞き分けなど,聴覚を活用することに重点を置いた指導を受け,抽象的なことばの理解や教科に関する学習を行う。必要に応じて,通常の学級でも学習し,子どもの可能性の伸長に努めている。

以下，簡単に教育課程の編成について述べる。

1）児童生徒の障害の状態および発達の段階や特性などの把握

口　話
口の動きを読み取りながら聞き取ること。

聴力の程度により聞こえ方は大きく異なり，補聴器を使用し，かつ口話を活用する児童や，静かな場面では聞き取れるが，うるさい教室ではほとんど聞き取れない生徒など，実態はさまざまである。そこで個々の児童生徒に適切な指導を行うために，実態把握が必要となる。

実態把握の方法のひとつとして，個別の指導計画の作成がある。個別の指導計画とは，障害のある子どもの教育的ニーズに応じた指導や支援を行うためのもので，図3-12では聴覚障害児の実態把握のアセスメントシートと指導計画をまとめたものを例示した。アセスメントシートには，①基礎情報（氏名・生年月日など），②環境（家族の状況等），③障害等の状況（聴力・補聴支援機器の型・オージオグラム・ことば・聞こえ・コミュニケーション・行動面），④諸検査の結果，⑤生育歴・相談歴など，指導計画には，⑥長期目標，⑦短期目標，⑧指導・支援の内容と方法，⑨評価の観点などを記入する。

キュード・スピーチ
p.59,60参照。

難聴学級の担任は，当該児童生徒の難聴が何dBなのかといった障害の程度やオージオグラムの型，使用している補聴器・人工内耳といった補聴機器の機種や特性，補聴援助システムなどを記録する。また，聴覚活用やコミュニケーション能力の程度を把握する必要がある。コミュニケーション能力については，音声言語での会話が可能か，手話や**キュード・スピーチ**を使用するのかなど実態を把握する。さらに，話し方や**座席位置の配慮**，板書や文字による視覚情報も必要なのか等の支援の手立てを考える必要がある。

座席位置の配慮
発話者（教員など）からの距離が短いほど，聴覚障害児に音声はよく届き，口元もよく見ることができる。また，周囲のクラスメートの行動を見て参考にするため，座席は，2，3番目の中央付近がよいとされる。

④の諸検査の結果やこれまでの指導の経過，入学前の教育の状況や，生育歴

アセスメントシート			
記入日		記入者	
氏　名		生年月日	
環境（家族状況）			
障害等の状況（言葉・聞こえ・コミュニケーション・行動面）	補聴器・人工内耳の型		
諸検査の結果			
成育歴・相談歴			
本人・家族の願い			
学校・担任の願い			
教育的ニーズ			

指導計画					
指導期間					
長期目標					
	短期目標	指導・支援の内容と方法	指導の形態	評価・修正点	
学習面					
生活面					
行動面					
対人面					
在籍級での支援状況					

図 3-12　聴覚障害児の個別の指導計画（例）

などについても，個人情報に留意しながら，保護者や関係機関から情報収集を行う。

2）教育目標・個人目標の設定

こうした児童生徒の実態を踏まえて，特別支援学校の学習指導要領を参考にして課題を抽出し，個々に教育目標を検討する。指導目標の例としては，以下のものが考えられる。

○保有する聴覚を有効に活用できるようになる。
○音声言語の理解と表出，その他のコミュニケーション手段の活用ができる。
○言語の意味理解を深め，思考へと発展させることができる。
○人間関係を広げ，円滑なコミュニケーションができる。
○自己理解や障害の特性の理解を深め，心理的諸課題に適応できる。
○自己選択・自己決定する機会を設け，進路，自立を考えられる。

3）目標を達成するための指導内容の検討

指導内容の例としては，以下のものが考えられる。

・日常の生活音を聞き，意味を知り，聞き分けること。
・聞き取れないときの対象法がわかること。
・日記を書いてきて，その内容について説明し，さらに詳しく書くこと。
・サ行音の発音を練習すること。
・補聴器の電池の管理について，カレンダーに記入すること。
・予備電池をもつこと。

コラム　個別の指導計画と個別の教育支援計画について

　二つは似ているようで異なる。個別の指導計画は，効果的指導のため教育課程を具現化したものである。一方個別の教育支援計画は，一生涯支援し続ける観点から各機関の関係者と保護者等で情報を共有し，索定する計画のこと。

「個別の指導計画」指導を行うためのきめ細かい計画

　幼児児童生徒一人一人の教育的ニーズに対応して，指導目標や指導内容・方法を盛り込んだ指導計画。例えば，単元や学期，学年等ごとに作成され，それに基づいた指導が行われる。

「個別の教育支援計画」他機関との連携を図るための長期的な視点に立った計画

　一人一人の障害のある子どもについて，乳幼児期から学校卒業後までの一貫した長期的な計画を学校が中心となって作成するもの。作成に当たっては関係機関との連携が必要である。また保護者の参画や意見等を聴くことなども求められる。

（中央教育審議会答申（平成17年12月8日）の一部抜粋）

　　　　　　また，個別の教育支援計画の作成について，関係者が情報を共有化し，役割
　　　　　　分担や，教育分野だけでなく，福祉，医療，労働など生涯にわたる支援と社会
　　　　　　参加のために必要となる。

2 難聴特別支援学級の経営上の留意点

　　　　　　難聴学級では，必要に応じ，合理的配慮を行うことが求められる。例えば，
　　　　　補聴器や補聴援助システムの活用に関する支援や，外国語のリスニングにおけ
　　　　　る別室受験，代替問題の用意などである。また，聴覚障害児は，情報の不足か
　　　　　ら体験とことばの結びつきが弱く，コミュニケーション上の行き違いなどがみ
　　　　　られる。聞き取った内容を**復唱**して確認するなど，確実なやり取りができる指
　　　　　導を心がける。学習環境としては，可能な限り静かにすることが必要である。
　　　　　環境音については，第3章2節5 p. 112を参照されたい。

　　　　　　そして，聴覚障害のある児童生徒にとっては，自己の聴覚活用の現状と自己
　　　　　の障害を正しく認識し（自己理解），支援を求める力をつけることが望まれる。

　　　　　　難聴学級は，通常の学校に設置されていることから，当該学級の児童生徒は，
　　　　　通常学級と難聴学級の間を行き来する。そのため，教員間の連携は不可欠で，
　　　　　当該児童生徒の実態を踏まえた通常学級での学習面での配慮や聴覚障害に対す
　　　　　る理解など，教職員間で共通理解を求める内容は多岐に渡る。

復　唱
相手の話したことばを
そのまま繰り返してい
うこと。聴覚障害のある
児童生徒にとって，
どこまで聞こえたかの
確認ができる重要な指
導内容。

コラム　高音急墜型のオージオグラムの事例

　　軽度の悪化程度である高度感音性難聴のう
ち，およそ1,000Hzを境にして低音域の聴力が
急激に低下するタイプを高音急墜型という。聴
力の程度では，軽度難聴に区分されてしまい，
本人も聞こえると思っているが，教室等のうる
さい場所ではほとんど聞こえない。周囲も本人
も理解しにくい障害である。ある事例では，中
学校で不登校となり，補聴器を調整し，高等学
校は聴覚特別支援学校を選択した。そこでよう
やく心を通わせる友だちができ，企業への就労
が決まった。高音急墜型ではオージオグラムの
型や聞こえ方による困難さがある。

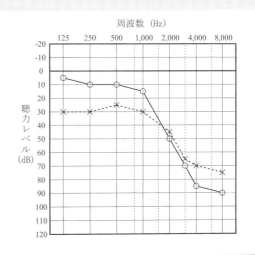

3　通級による指導の教育課程と指導の実際

　通級による指導は，学校教育法施行規則第140条，141条で規定されている。小・中学校の通常の学級に在籍している比較的軽度の障害のある児童生徒に対して，主として各教科などの指導を各学級で行いながら，当該児童生徒の障害に応じた特別の指導を「特別の指導の場（通級指導教室）」で行う教育形態である。自分の通う学校に通級指導教室がある場合を自校通級と呼んでいる。

　通級に通う児童生徒には人工内耳を装用している難聴児が多い。障害の程度は高度（90dB 以上の難聴）だが，音声言語でのコミュニケーションが可能であるからだ。しかし，人工内耳を外すと大きな声でも聞き取れず，また機械で処理した信号で聴神経を刺激しているため，私たちが通常聞き取っている音に比べ情報量がはるかに少なく，さらに騒音下では極端に聞き取りが悪くなる。このような聴覚障害の基礎的な知識については，在籍学校の教職員全員が共通理解をもつことが重要となる。

　通級による指導における教育課程と指導は，難聴学級と同じく「自立活動」の内容を取り入れ，個々の児童生徒の障害の状態に応じて目標を決定する。例えば，聴力の活用のため補聴機器の装用指導や，聴覚活用としての聞く態度の育成，聞き取りの練習といった，音声の聴取および弁別の指導，自身の障害理解を促すことも重要である。また，ことば集めや言い換えなど，言語指導として語彙の拡充や，日記指導等を通して，書きことばの指導などを行う。さらに，各教科の内容を補充するための特別の指導も認められており，国語や外国語での新出語句の意味や用法，文章の音読など個々の聴力の程度や理解力に合わせて的確な指導を行う。

情報保障
授業等の音声情報を，文字や手話といった別の形式で保障すること。

　情報保障は，聴覚障害児が通常学級で学ぶうえで重要なポイントである。例えば，情報量の多い社会科などの科目や行事の事前説明会など，ノートテイカー（図3-13）やパソコン要約筆記などで情報保障を行う必要がある。

　中学校では，英語のリスニングや音楽の試験の受験方法，高等学校を受験する際の，受験校への配慮を求める書類なども必要になる。また，中学校における通級による指導では，社会に出るにあたり自分の障害に対する学習が最後の機会となる場合もある。自己の障害に対する理解，自身の聞こえ方の正しいとらえ，周囲への援助の求め方，障害者手帳の更新や，補聴器のメンテナンスや更新など学ぶべきことは多い。

　在籍校に通級指導担当教員が出向く巡回指導と

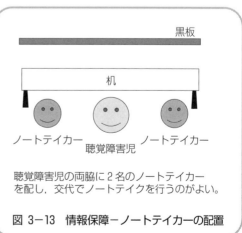

聴覚障害児の両脇に2名のノートテイカーを配し，交代でノートテイクを行うのがよい。

図 3-13　情報保障－ノートテイカーの配置

いう形態もあり，在籍校の教室を借りて定期的に巡回して指導を行う場合や，通級が困難になったときや問題が生じたときなどに実施する。

　聴覚障害は，目に見えず，わかりづらい障害であるので，通級指導担当教員が，周囲への理解を徐々に進めることが必要である。

　そのひとつとして，通級による指導を受けている児童生徒の在籍学級で難聴理解授業を行うこともある。同じクラスの児童生徒に補聴器装用体験をさせて，周りの話し声だけでなく紙を揺さぶる音など，さまざまな音が増幅されてうるさいことを体感させる。耳栓などをして難聴の体験をさせようとしても，聴者は骨伝導で聞こえてしまうため，聴覚障害自体の困難を理解することはほとんど不可能であることを知らせることも必要である。

4　通級による指導の留意点

　聴覚障害の発生頻度は1,000人に2人程度といわれ，通級指導教室に通う児童生徒が日常的に通う地域の学校では，孤立しないよう，クラスメートや教職員にいかに理解してもらうかが重要になる。

　通常の学級においては，学級内の会話についていけないことがある。授業では，教員がはっきり話すことや，キーワードや資料などの視覚情報を提示することが望ましい。また，黒板のほうを向いて板書しながらの発話や，机間巡視しながらの発話では聴覚障害児は聞き取れないため，授業の行い方に配慮が必要となる。また，補聴援助システムなどを使用しマイクを話者が持って，補聴器や人工内耳に直接音声を届けるシステムが有効である。一方休み時間は，騒がしく，複数名での会話が多いため，聴覚障害児にとっては一番苦手な場面である。友だち同士での会話に入れず孤立してしまうことが見受けられる。

　聴覚障害児には，聞き取れた部分を復唱し，相手に確かめるという習慣を身につけさせ，クラスメートが協力できる関係づくりが望ましい。

　体育やプールの時間，遠足，避難訓練の非常放送など，事前に情報を伝えておくことや，ホワイトボードなどの視覚提示（図3-14）など，それぞれの場に応じた工夫が必要である。

　通常学級の担任教員と通級指導担当教員の

教員が口頭で指示した宿題や，もちもの等を文字で残す。

図 3-14　視覚提示－ホワイトボードの活用例

情報交換として，通級指導教室での取り組みなどについて連絡ノートを活用することや，通級指導教室への参観も重要である。また，同じ通級指導教室に通う児童生徒を通常学級で指導している担任同士が集まる担任者会で，情報を交換することも，同様の苦労や工夫を知ることができ有効である。

　通常学級の担任は，大勢の児童生徒をみる中で個々の支援が必要な児童生徒にも配慮をしている。通級指導担当教員は，在籍校の担任教員の力になることも忘れてはならず，保護者との連絡においても，通級指導担当教員が，保護者の訴えを聞きつつ，通常の学級との間の通訳となり，児童生徒が円滑に通常学級で学べるようにしていくことが求められる。

　保護者の支援も大切である。聴覚障害のある児童生徒はコミュニケーションがうまく取れないため，心理的にも孤立し不登校傾向になることがあり，何か変化があったときにすぐに連絡ができるように日ごろから保護者との連絡を密にしておきたい。また，保護者会で同様の困難を知る保護者同士が情報交換できるようしておくとよい。

　専門機関との連携は必須で，児童生徒の主治医などの医療機関との連携を図り，聴力変動などがみられたときは，すぐに連絡できる体制が望ましい。その他，福祉事務所や児童相談所，療育機関との連絡が必要になることもある。最近では，児童相談所，福祉事務所，ハローワーク，特別支援学校，通級指導担当教員，療育機関などが一堂に介しての連絡協議会が設置されている市町村等もあり，有効な活用が期待される。

＊　　　　　＊　　　　　＊

　聴覚障害のある児童生徒が，通常学級の聞こえる集団の中で学校生活を送るにあたっては，コミュニケーションと相互の理解不足から多くの困難がある。だからこそ，難聴教室や通級指導教室での児童生徒への的確な指導を通して，社会で自立できる力を培っていくとともに，周囲の理解を広げていくことが，子どもたちの将来の幸せの基礎となる。

演習課題

1. 難聴特別支援学級における実態把握の方法について説明してみよう。
2. 難聴通級におけるさまざまな連携について説明してみよう。
3. 難聴児童生徒に必要な教育内容と，周囲への理解についてどのようなことが必要か，またその理由についても考えてみよう。

参考文献

・文科省：個別の指導計画と個別の教育支援計画について www.mext.go.jp/b_menu /shingi/chukyo/chukyo3/063/.../1364742_04.pdf
・大沼直紀監修，立入哉・中瀬浩一編著：教育オーディオロジーハンドブック　聴覚障害のある子どもたちの「きこえ」の補償と学習指導
・日本学校保健会　聴力調整指導小委員会：難聴児童生徒へのきこえの支援　補聴器・人工内耳を使っている児童生徒のために，日本学校保健会，2004.
・日本障害者リハビリテーション協会：ノーマライゼーション　障害者の福祉，18（5），29，1998.

第4章
聴覚障害児者の生涯発達支援

❶ 障害認識・アイデンティティ

1 障害認識

（1）用語の定義

　特別支援教育においては，障害受容，障害理解，障害認識など，さまざまな用語が使われているので，最初に用語の整理をしておく。

　障害受容は，聴覚障害児教育では障害を受け入れるという意味で用いられることが多く，当事者ではなく両親をはじめとするその家族が障害のある子どもを受け入れる状態を表す。障害児の親の障害受容に関しては，1950年代以降，さまざまな研究がなされている[1]。

　障害理解は，徳田・水野[2]によると「障害のある人に関わるすべての事象を内容としている人権思想，特にノーマリゼイションの思想を基軸に据えた考え方であり，障害に関する科学的認識の集大成である」と定義されている。さらに，学校などで行われる障害理解教育とは，「障害理解を進めていく教育のこと」と定義されている。

　障害認識とは，障害児自身が自分の障害を認識することであり，1990年代に主に聴覚特別支援学校で用いられるようになった用語である。

（2）障害認識に関する取り組み

　障害認識に関する取り組みは，聴覚特別支援学校教員を主な構成員として組織されている**全日本聾教育研究会**の研究発表で，1990年代前半から教育実践報告が盛んに行われるようになった。具体的には，聴覚特別支援学校の自立活動の指導として取り組まれている。自身の聞こえの状況の理解・障害からくる諸制約を認識し解決方法を考える・福祉制度の理解などの内容を中心に，小学部段階から高等部卒業までの間に発達段階に応じて指導が行われている。

全日本聾教育研究会
1967年に設立された全国の聴覚特別支援学校教員の研究会で，年1回の研究大会が秋に行われる。

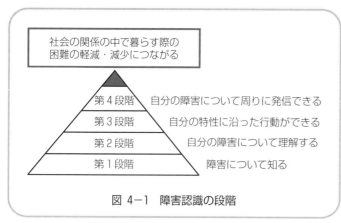

社会の関係の中で暮らす際の
困難の軽減・減少につながる

第4段階　自分の障害について周りに発信できる

第3段階　自分の特性に沿った行動ができる

第2段階　自分の障害について理解する

第1段階　障害について知る

図4-1　障害認識の段階

多くの教育実践報告から障害認識の段階を整理すると，図4-1のようになる。

第1段階は，障害そのものについて知る段階である。障害について知る，いわゆる「障害理解」の初期段階と同様である。第2段階は，自分の障害，聴覚障害について知る段階で，自分自身の聞こえの状態や装用している補聴器・人工内耳について理解を進める。第3段階は，例えば，会話の中でうまく聞き取れなかったら「もう一度いってください」「書いてもらえますか？」と要求するなど，自分の聞こえの状況に沿った行動ができる段階である。第4段階は，自身の障害について周囲に自己開示したり，日常生活のさまざまな場面において合理的な配慮を求めたり，福祉制度を活用したりする段階である。学校教育を終えて，社会で生活する際に起こるさまざまな困難の軽減や減少は，当事者の生活の質の向上において重要である。

また，2017年告示の特別支援学校学習指導要領では，自己の障害の特性の理解を深め，みずから生活環境に主体的に働きかけ，より過ごしやすい生活環境を整える力を身につけるために必要な自立活動の内容として，新たに項目が立てられた。具体的には，「1　健康の保持」（幼稚部教育要領第2章の自立活動の2の（1），小学部・中学部学習指導要領第7章の第2の1）の（4）に「障害の特性の理解と生活環境の調整に関すること」として示されている。文部科学省は，特別支援学校学習指導要領解説自立活動編（2018年）において，聴覚障害の場合の具体的指導内容例と留意点として，以下のように示している。

　聴覚障害のある幼児児童生徒の場合，補聴器や人工内耳を装用していても，聴覚活用の状況は個々によって異なる。そのため，補聴器や人工内耳を装用して，音がどの程度聞こえ，他者の話がどの程度理解できるのかについては，聴力レベルや補聴器装用閾値のような客観的な値だけで決定されるものではない。そのため，聴覚障害のある幼児児童生徒が，それぞれの発達段階に合わせて，どのような音や声が聞こえて，どのような音や声が聞き取れないのかを自分でしっかりと理解し，時と場合によって聞こえたり聞こえなかったりすることに気付かせることが重要である。また，卒業後，自分の聞こえの状況や最も理解しやすいコミュニケーションの方法を自ら他者に伝えていくことが，聞こえる人との円滑なコミュニケーションにつながると考えられる。聴覚活用に加え，手話や筆談など，他者とコミュニケーションを図るための様々な方法があることを理解し，その中で自分が分かりやすいコミュニケーションの方法を選択できるようになることが大切である。そのため，聞こえの状況や聴覚障害の特性を自ら理解し，それを他者に伝えられるようにしていくことが不可欠になる。

　この内容は，これまでに聴覚特別支援学校が中心に取り組んできた障害認識の指導をもとに示された具体的な指導例であるといえよう。

2　アイデンティティ

（1）アイデンティティとは

　アイデンティティ（identity）とは，自己同一性とも呼ばれ「自分が自分であるという感覚」のことで，「自分は何者であるのか？」という人間の原初的で根源的な問いかけの答えとしての自己（自我）同一性である。ドイツに生まれ後にアメリカで活躍した発達心理学者のエリクソン（Erikson, E.H.）は，心理社会的発達理論の中で自我発達を八つの段階に区分けし，アイデンティティの確立を青年期の発達課題であるとした（表4−1）。

　一方で，青年期にはアイデンティティの拡散や混乱といった精神的危機に陥る危険性が高いことも指摘している[3]。自分が自分であるという感覚を強くもっている人はアイデンティティが「確立」している，逆に確固たる自分が自分であるという感覚があまり強くなく，自分は自分だと感じられない人はアイデンティティが「拡散」（混乱）しているという。

表4−1　エリクソンの発達段階

段階	時期（年齢）	心理的課題
Ⅰ	乳児期（0〜1歳ごろ）	基本的信頼　対　不信感
Ⅱ	幼児期初期（1〜3歳ごろ）	自律性　対　恥，疑惑
Ⅲ	遊戯期（3〜6歳ごろ）	自主性　対　罪悪感
Ⅳ	学童期（7〜11歳ごろ）	勤勉性　対　劣等感
Ⅴ	青年期（12〜20歳ごろ）	同一性　対　役割の混乱
Ⅵ	前成人期（20〜30歳ごろ）	親密性　対　孤立
Ⅶ	成人期（30〜65歳ごろ）	生殖性，世代性　対　停滞
Ⅷ	老年期（65歳ごろ〜）	統合　対　絶望，嫌悪

（2）聴覚障害者とアイデンティティ

　聴覚障害者と一言でいっても，聴覚障害者それぞれが所属している自分のコミュニティがある（図4−2）。これは聴覚障害者だからではなく，すべての人にそれぞれ自分の所属するコミュニティがあるのと同様である。

　聴覚障害者の中には，ろう者，難聴者，中途失聴者，人工内耳装用者など，さまざまなコミュニティがある。

　ろう者とは，木村・市田[4]によると「日本手話という，日本語とは異なる言語を話す，言語的少数者である」と定義されている。元々はアメリカでろう者が話す手話を言語として認めていく過程で生まれたデフコミュニティ（deaf community：ろう者社会），デフカルチャー（deaf culture：ろう文化）という考

日本手話
ろう者が使用する手話で文法などは日本語と異なる。
p.56参照。

131

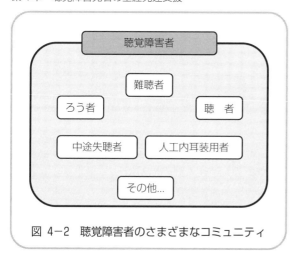

図 4-2　聴覚障害者のさまざまなコミュニティ

え方を踏襲したものである。アメリカでは医学的な「ろう」の状態を"deaf"と表記するが，アメリカのデフコミュニティでは手話を話す自分たちのことを"deaf"ではなく，頭文字を大文字にした固有の存在として"Deaf"と表すようになり，自分たちのアイデンティティを明確にしている。難聴者とは，医学的には軽度難聴から最重度難聴までの難聴者すべてが含まれる。コミュニケーションの中心は音声言語であるため，コミュニティとしてはろう者でもなく聴者でもない中間的なコミュニティである。聴者とは，聴力正常者のことをいう。また，先に述べたろう者のコミュニティでは，ろう者に対する「聞こえる人」を表すことばとして健聴者ではなく「聴者」と表すことが多い。中途失聴者とは，主に言語獲得以降に失聴した聴覚障害者のコミュニティである。言語獲得期以降の失聴なので，コミュニケーションの中心は音声・書記言語を用いることになる。人工内耳装用者は，近年，新たなコミュニティとして成立してきた。日本では，1980年代後半に人工内耳埋め込み術が臨床適用された。当初は中途失聴の成人を対象としていたが，1990年代半ばには学齢児，幼児にも適用されるようになった。1990年代に人工内耳を適用した聴覚障害児も成人となり，人工内耳装用者のコミュニティを形成している。

　また，青年期において聴者の親に育てられた聴覚障害青年は，ろう社会(Deaf Community)または聴者社会というコミュニティの選択を迫られていく。聴者の価値観に強くアイデンティティを求める人は，音声言語を中心としたコミュニケーションを行いながら難聴者として，聴者社会に適応し続けていくことを選択する。難聴者の居場所はどこにもなく，第三の選択として先にも述べた難聴者という生き方も存在する。一方で，ろう者の親に育てられたろう児の場合，ろう児が自己の聴覚障害について悩み，心理的な不安を抱くことがあるにせよ，ろうの両親が自分のモデルとなって身近に存在してくれていることの意義は大きい。両親から手話による養育を受け，自由に自己を表現できる手話を第一言語として育ち，幼少期から両親が過ごす地域のろう者の集団に触れ，聴者が多数を占める社会の中での生き方を自然に学びながら成長していくことができる。したがって，両親ろうのろう児は，青年期の聴覚障害に関するアイデンティティ形成において，心理的に不安定でひどく動揺し，葛藤し続ける者は少ないとされている。

　これらのさまざまなコミュニティに属することによって，聴覚障害者それぞれのアイデンティティが確立されている。いずれかひとつのコミュニティに属

する場合もあれば，複数のコミュニティに属する場合もある。

（3）小学校・中学校で学ぶ聴覚障害児と思春期の問題

　文部科学省初等中等教育局特別支援教育課特別支援教育資料（2020年）によると，特別支援学校の小学部・中学部で学ぶ聴覚障害児よりも，地域の小学校・中学校の難聴学級や通級指導教室を利用する聴覚障害児の数が多くなっている。これは，他の障害領域にはない聴覚障害児教育の特徴でもある。

　その一方で，以前より地域で学ぶ聴覚障害児童生徒における思春期の問題が指摘されている。一般に中学生時代は，心身が大きく成長・変貌を遂げる時期である。その中で，地域で学ぶ聴覚障害児は，中学生になると自分の障害の問題と向き合っていかなければならない。しかし，地域で学ぶ聴覚障害児は小学校高学年になるまでは自分の障害に気づいていない場合もある。小学校の高学年になるころに，聞こえていないのは自分だけという事実に気づき始め，そのころになって「自分は周囲の友人と違う」という現実に直面することがある。

　長澤・堀川[5]，白井[6]は，地域の小学校・中学校で学ぶ聴覚障害児の思春期における問題について，聴覚障害児と聴児とのコミュニケーション上の問題を指摘している。長澤ら[5]は，聴覚障害中学生徒126名を対象にストレスに関するアンケート調査を行っている。その結果から，聴覚障害生徒のストレス構造は一般の中学生徒と共通する部分が多いが，コミュニケーションの障害からさまざまな問題が生じていることを指摘している。またその問題を意識するきっかけになった事象は，友人関係のトラブルや授業場面での聞き取り・聞き誤り等，聞こえやコミュニケーションによるものが多かったとしている。白井[6]は，インテグレーションを経験した成人聴覚障害者8名を対象に，思春期における葛藤に着目して，障害の自覚・学校生活・アイデンティティの確立の3点を中心に半構造化面接法を用いて，質的な研究を行った。その結果から，学校生活上に出現した問題を，以下のように示した。

> ・友だちの話が聞き取れない。だから会話に参加できない。
> ・先生の説明や指示がわからないので，授業がわからず参加できない。
> ・自分の発音を笑われるので，話す意欲が減退する。
> ・情報（常識）が不足しがちで，学校生活上の問題に正しく対処できない。
> ・言語力が不十分な場合，自分の行動の意味を自分でとらえられない。
> ・小学校以来の学力不振が累積され，学習についていけない。

さらに問題を抱える難聴生徒に共通する傾向として，以下の4点を指摘した。

①自分に自信を失っていくこと。
②Self-esteem（自尊感情）が低いこと。
③聴覚障害生徒も聞こえる生徒と同様に勉強や部活や友だちや異性のことについての問題を
　うまく乗りこえられないときには自信を失うこと。
④難聴からくるコミュニケーションの困難さが問題の核心にあること。

　これらの結果から白井[6]は，小学校高学年の時期にコミュニケーション障害から成功感が失われる場合には障害をめぐる葛藤が深刻化し，そうでない場合には聴覚障害がある者でも障害をめぐる葛藤が軽いこと，葛藤を抱える場合には自身の障害の受け入れがアイデンティティ獲得の中心的な課題になる一方，そうでない場合は思春期の葛藤は他の領域の課題が中心になることを明らかにしている。

　インクルーシブ教育システムに移行した現在，こうした地域の小学校・中学校で学ぶ聴覚障害児が抱える課題に対応するには，地域の小学校・中学校に設置されている難聴特別支援学級や難聴通級指導教室担当教員の果たす役割は非常に大きい。さらに，地域の学校だけではなく地域の聴覚障害児教育センターとしての役割を果たす聴覚特別支援学校も含めたネットワークによる聴覚障害児の心理的な支援が必要不可欠である。

（4）さまざまな生き方

　聴覚障害者の生き方は，聴者と同様にさまざまである。ろう者として生きる人もあれば，聴者の世界で生きる人も，両方の世界で生きる人もある。これまでには，当事者が記した著書が多く出版されている。

早瀬久美『こころの耳：伝えたい。だからあきらめない。』講談社，2004.
　早瀬は，先天性聴覚障害者で日本初の薬剤師資格を取得した人物である。薬剤師を目ざして薬科大学に入学し，大学卒業と同時に薬剤師国家試験に合格したが，当時の薬剤師法の欠格条項により免許申請を却下された。全国の障害者団体などの協力によって欠格条項撤廃運動に尽力し，2001年に聴覚障害を理由に薬剤師免許を阻む欠格条項が削除される薬剤師法改正により，薬剤師免許を受けた。現在も，ろう者としての立場で活躍している。

滝口克典「山形青春群像 36」山形新聞，2016年7月21日朝刊（図4-3）

　　滝口は，Jリーグクラブ，モンテディオ山形のサポーター団体のULTRAS ACMYメンバーの聴覚障害者である青年を取材した内容をまとめて，記事にしている。記事によると，その聴覚障害青年は，山形県立山形聾学校高等部在学中の2001年に，同級生に誘われてスタジアムに行ったことがサポーターとなるきっかけだそうだ。2004年に山形聾学校高等部専攻科を卒業した20歳で，その当時モンテディオ山形のサポーターでは誰もやっていなかった大旗を自作し，試合で振り始めた。現在でも，スタジアムの最前列で自作の大旗を振っている。青年は，スタジアムのゴール裏と呼ばれるサポーターが集まる場所を「差別のない場所，なので，障がいをもつ人たちにはもっと参加してほしい」と述べている。青年は，聴覚障害者として聴者の世界でも居場所をみつけ，現在もサポーターとして，全国のスタジアムを駆け巡る生活をしている。

図 4-3　山形新聞2016年7月21日朝刊の記事
滝口克典「山形青春群像 36」

甲地由美恵『聴こえなくても私は負けない』角川書店，2007.

　甲地は，2歳で突発性難聴により失聴したプロのボディボーダーである。保育所・小学校・中学校・高校・専門学校と通常の学校教育を受けており，現在も聴覚口話法でコミュニケーションを取っている。専門学校時代に出会ったボディボードで，2003年にプロテスト合格をした。2007年には国際ボディボード連盟の世界ランキング13位でトップシードを守り続けた。2009年に引退後は，2011年に JLA 日本ライフセービング協会認定ベーシックサーフライフセーバー資格取得と心肺蘇生法（cardiopulmonary resuscitation：CPR）資格を取得した。現在もボディボードインストラクター，講演やイベントの企画などの活動で活躍している。
　　　　　　　（編集部注）ボディボードは，サーフィンの一種のマリンスポーツ。

成田佳総『ブライトアイズ：「ありがとう」のひとことを』講談社，2010.

　成田は，1989年愛知県立名古屋聾学校在職時に音楽クラブを設立し，当時の在籍生徒とともにロックバンド "ブライトアイズ" を設立し，現在もバンド活動を行っている。成田自身は聴者でドラムを担当し，その他のボーカル，ギター，ベース，キーボードは名古屋聾学校に在籍していた聴覚障害者で構成されている。「聞こえない＝音楽はできない」ではなく，聞こえなくても音楽を楽しむことを学校教育で実践した一例である。その後も愛知県立名古屋聾学校音楽クラブに籍を置いた聴覚障害者を中心に，いくつかの後輩バンドが誕生している。そうした意味では，聴覚障害者の音楽の垣根を取り払った共生バンドとして，手話も使いながら音楽活動を行っている。

中島　隆『ろう者の祈り』朝日新聞出版，2017.

　中島は，2012年に設立された新潟県の NPO 法人「にいまーる」のろう者である女性スタッフのインタビューをまとめている。ここで紹介されている臼井千恵さんは，幼稚部から高等部まで聴覚特別支援学校で学び，卒業後は一般の大学に進学して聴者と学んだ経歴をもつ。聴覚特別支援学校小学部・中学部在籍時代には，聴者に対してコンプレックスを抱いていた。高等部入学の際には，聴者とともに中学校で学んだ生徒も入学してきたことを契機に，聴者の世界で育ってきた聴覚障害生徒と自分の関係において，新たな葛藤も経験した。しかし最終的には一般の大学への進学を選択し，現在は「にいまーる」が運営する聴覚障害者の就労継続支援施設で，離職した聴覚障害者の再就職に向けた職業訓練を中心に活動を行っている。さらに，自身が大学で聴者の世界を経験したからこそ感じていた，離職した聴覚障害者の社会復帰に必要な力として，日本語の指導にも取り組んでいる。施設の利用者と同じろう者だからこそできる手話と日本語の間をつなぐことで，聴覚障害者の社会自立をめざした活動を行っている。

　　このように，一言で聴覚障害者といっても，さまざまな生き方がある。聴覚障害児教育に携わる教員として，聴覚障害者自身が自分の生き方を選択する教育を心がけることが重要である。

演習課題

1．全国にあるさまざまな聴覚障害者の当事者団体について，インターネットなど
　を使って，自分たちの地域を中心に調べてみよう。

引用文献

1）阿南あゆみ・山口雅子：親が子供の障害を受容して行く過程に関する文献的検
　討．産業医科大学雑誌，**29**（1），73-85，2007.
2）徳田克己・水野智美編：障害理解－心のバリアフリーの理論と実践．　誠信書房，
　pp. 2-7，2005.
3）谷冬彦：青年期における同一性の感覚の構造－多次元自我同一性尺度（MEIS）
　の作成，教育心理学研究，**49**，265-273，2001.
4）木村晴美・市田泰弘：ろう文化宣言：言語的少数者としてのろう者．現代思想
　編集部（編），ろう文化，青土社，pp. 8-17，2000.
5）長澤泰子・堀川淳子：思春期の聴覚障害児のストレスと対処方法に関する研
　究：中学生を中心に．広島大学学校教育学部紀要第1部，**18**，151-159，1996.
6）白井一夫：インテグレートした聴覚障害者の思春期における葛藤に関する研
　究：仲間集団との対人関係を中心に，平成7年度上越教育大学大学院修士論文.

❷ 卒業後の発達・社会生活支援

1 キャリア教育

（1）職業教育の歴史

　　聴覚特別支援学校は，戦後の高等部教育において普通教育を主とするものと職業教育を主とするものに分かれて発展してきた。職業教育では，被服科，木材工芸科，理容科が多く設置された。手に職をつけることで社会的・職業的な自立を進めるという方針の下，さまざまな学科が設置されていた。1975年度の全国のろう学校高等部の学科設置状況を，表4−2に示した。

　　その中でも，1973年には愛知県立名古屋聾学校高等部機械科と愛知県立愛知

表 4−2　全国ろう学校学科設置状況　　　　　　　　　　　　　　　　　　　　（1975年度）

学　科	校　数	学　科	校　数	学　科	校　数	学　科	校　数	学　科	校　数
普　　通	24	印　　刷	11	クリーニング	4	歯科技工[*2]	2	園　芸	1
被　　服	65	機　　械	8	デザイン	3	窯　業	2	美　術	1
産業工芸[*1]	51	美　　容	4	金属工業	3	色　染	1	金属工芸	1
理　　容	33	家　　政	4	工　芸	3	自動車塗装	1		

＊1　木工および室内工芸を含む。
＊2　法改正により専攻科に設置され修行年限は3年間である。
出典）文部省：特殊教育百年史，東洋館出版社，1978.

表 4−3　聴覚特別支援学校高等部の学科数・学科別生徒数　　　　　　　　　　（2019年度）

区　分	計				本　科				専攻科			
	学科数	計	男	女	学科数	計	男	女	学科数	計	男	女
聴覚障害の学科	96	575	314	261	80	451	250	201	32	124	64	60
機械科	6	52	50	2	6	40	38	2	2	12	12	—
産業工芸科	28	177	136	41	25	160	123	37	5	17	13	4
デザイン科	3	18	6	12	3	18	6	12	—	—	—	—
印刷科	4	34	13	21	3	20	7	13	1	14	6	8
材料技術科	1	9	5	4	1	9	5	4	—	—	—	—
家政科	2	5	—	5	2	5	—	5	—	—	—	—
被服科	13	61	9	52	13	52	8	44	5	9	1	8
理容科	10	26	11	15	7	17	8	9	5	9	3	6
美容科	2	3	1	2	1	1	1	—	2	2	—	2
クリーニング科	1	4	1	3	1	4	1	3	—	—	—	—
歯科技工科	1	12	7	5	—	—	—	—	1	12	7	5
美術科	1	2	2	—	1	2	2	—	—	—	—	—
その他	24	172	73	99	17	123	51	72	11	49	22	27

出典）文部科学省初等中等教育局特別支援教育課：特別支援教育資料（令和元年度），2020.

工業高等学校（現在は愛知県立愛知総合工科高等学校）の**連携教育**が開始され，現在も継続されている。工業高校の専門技術をともに学ぶ共同学習の先駆けである。

連携教育
聴覚特別支援学校高等部在籍生徒が，高校で支援を受けながら共同学習を行うもの。

　現在の聴覚特別支援学校では，高等部職業科の設置校が減少し，普通科のみの設置校も多くなっている。2019年度の職業科の設置状況を，表4-3に示した。設置学科は96学科で，高等部本科・専攻科合わせて575名の生徒が学んでいる。主な設置学科は，機械科，産業工芸科，デザイン科，印刷科，材料技術科，家政科，被服科，理容科，美容科，クリーニング科，歯科技工科，美術科などとなっている。

（2）高等部卒業後の進路の動向

　聴覚特別支援学校高等部卒業後の進路について，坂本[1]は過去の統計資料からその推移について「聾学校高等部における大学・短大進学志向の高まりに伴って，従来の主要な進路先（就職および聴覚特別支援学校専攻科への進学）が減少している傾向にある。その一方で，無業者の割合が増加しており，この背景には，①大学・短大浪人生の増加，②聴覚特別支援学校における重複障害児の増加，③就職状況の悪化に伴う就職浪人の増加，といった要因が考えられる」と報告している（図4-4）。

　図4-4の進路別人数比の推移をみると，1990年代初頭から短大進学率が上昇している。この背景には，1987年に国立筑波技術短期大学が設置されたことがある。国立筑波技術短期大学は，世界初の視覚障害者を対象とした学科の設置と，世界で3番目・日本初の聴覚障害者を対象とした学科を設置した障害者のための高等教育機関である。3年制の短期大学として設立され，聴覚障害者を対象にデザイン学科・機械工学科・建築工学科・電子情報学科が置かれ，1990年に聴覚障害学生の受け入れを開始した。開学以来，手話による授業保障が行

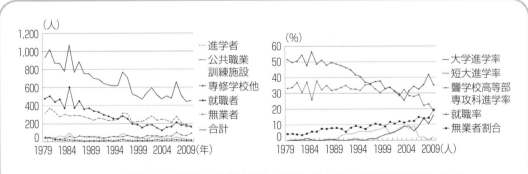

図 4-4　聴覚特別支援学校高等部卒業生の進路（左）および進路別人数比（右）

出典）坂本徳仁・櫻井悟史編：聴覚障害者情報保障論，立命館大学生存学研究センター報告書（16），14-30，2011.

図 4-5　聴覚障害者が学ぶ現在の筑波技術大学
　　　　天久保キャンパス

われ，聴覚障害学生が学ぶための環境が整えられている。その後，2005年には短期大学から4年制大学に移行した国立筑波技術大学（図4-5）が開学した。聴覚障害者を対象に産業技術学部が設置され，産業情報学科と総合デザイン学科が置かれた。これに伴って，短大進学率が減少し大学進学率が向上する形になった。それ以降は，筑波技術大学への進学に加え，一般の大学進学も増え，大学進学率が10%を超えて推移している。さらに2010年には，筑波技術大学に大学院技術科学研究科が設置され，現在に至っている。

坂本[1]が指摘する進学志向の高まりを支えるもうひとつの要因として，障害学生に対する学修支援の充実があげられる。聴覚障害学生の支援として，パソコンによるノートテイクや要約筆記・手話通訳の配置などの**情報保障**が各大学・機関の努力によって進められてきた。2004年には，聴覚障害学生の支援を積極的に行う全国の高等教育機関の協働により，日本聴覚障害学生高等教育支援ネットワーク（以下，PEPNet-Japan）が設立されている（図4-6）。

情報保障
p. 125, 126参照。

図 4-6　日本聴覚障害学生高等教育支援ネットワークの Web

　このPEPNet-Japanは，全国の大学等の高等教育機関で学ぶ聴覚障害学生の支援のために立ち上げられたネットワークで，事務局が置かれている筑波技術大学をはじめ2020年8月27日現在，32の正会員大学・機関，58の準会員大学・機関，多くの個人会員で構成・運営されている。具体的な活動として高等教育支援に必要なマテリアルの開発や講義保障者の養成プログラム開発・シンポジウムの開催などを通して，聴覚障害学生支援体制の確立および全国的な支援ネットワークの形成を目ざしている。

　2020年3月の統計資料では，聴覚特別支援学校中学部卒業生は進学者が98.2%，高等部卒業生は，進学が1.7%，教育訓練機関等1.5%，就職32.3%，社会福祉施設等60.6%，その他3.9%となっている（文部科学省：特別支援教育資料，令和元年度，表4-4）。

表 4-4　特別支援学校中学部・高等部（本科）および中学校特別支援学級の卒業後の状況
　　　　－国・公・私立計（2020年3月卒業者）

区　分		卒業者	進学者	教育訓練機関等	就職者	社会福祉施設等入所・通所者	その他
計	中学部	10,130人 (100.0%)	9,952人 (98.2%)	50人 (0.5%)	2人 (0.02%)	57人 (0.6%)	69人 (0.7%)
	高等部	21,764人 (100.0%)	377人 (1.7%)	326人 (1.5%)	7,019人 (32.3%)	13,199人 (60.6%)	843人 (3.9%)
視覚障害	中学部	167人 (100.0%)	166人 (99.4%)	1人 (0.6%)	—	—	—
	高等部	269人 (100.0%)	89人 (33.1%)	12人 (4.5%)	36人 (13.4%)	115人 (42.8%)	17人 (6.3%)
聴覚障害	中学部	396人 (100.0%)	396人 (100.0%)	—	—	—	—
	高等部	433人 (100.0%)	145人 (33.5%)	12人 (2.8%)	212人 (49.0%)	55人 (12.7%)	9人 (2.1%)
知的障害	中学部	7,649人 (100.0%)	7,532人 (98.5%)	45人 (0.59%)	2人 (0.03%)	31人 (0.4%)	39人 (0.5%)
	高等部	18,931人 (100.0%)	79人 (0.4%)	249人 (1.3%)	6,601人 (34.9%)	11,294人 (59.7%)	708人 (3.7%)
肢体不自由	中学部	1,585人 (100.0%)	1,539人 (97.1%)	2人 (0.1%)	—	24人 (1.5%)	20人 (1.3%)
	高等部	1,760人 (100.0%)	43人 (2.4%)	20人 (1.1%)	103人 (5.9%)	1,522人 (86.5%)	72人 (4.1%)
病弱	中学部	333人 (100.0%)	319人 (95.8%)	2人 (0.6%)	—	2人 (0.6%)	10人 (3.0%)
	高等部	371人 (100.0%)	21人 (5.7%)	33人 (8.9%)	67人 (18.1%)	213人 (57.4%)	37人 (10.0%)
中学校特別支援学級計		22,645人 (100.0%)	21,338人 (94.2%)	479人 (2.1%)	192人 (0.8%)	636人 (2.8%)	

注）上段：人数，下段（　）：卒業者に対する割合。四捨五入のため，各区分の比率の計は必ずしも100%にならない。
出典）文部科学省初等中等教育局特別支援教育課：特別支援教育資料（令和元年度），2020.

（3）現在の聴覚特別支援学校のキャリア教育

聴覚特別支援学校のキャリア教育について，文部科学省は，特別支援学校小学部・中学部学習指導要領の第 1 章　総則，第 5 節　児童又は生徒の調和的な発達の支援，1　児童又は生徒の調和的な発達を支える指導の充実において，以下のように示している。

> （3）児童又は生徒が，学ぶことと自己の将来とのつながりを見通しながら，社会的・職業的自立に向けて必要な基盤となる資質・能力を身に付けていくことができるよう，特別活動を要としつつ各教科等の特質に応じて，キャリア教育の充実を図ること。その中で，中学部においては，生徒が自らの生き方を考え主体的に進路を選択することができるよう，学校の教育活動全体を通じ，組織的かつ計画的な進路指導を行うこと。

ここに示されているキャリア教育は，社会的・職業的自立とあることから広い意味で自立活動ととらえることも可能であろう。

また，第 7 章　自立活動では，第 3　個別の指導計画の作成と内容の取扱いにおいて，以下のように示している。

> 2　個別の指導計画の作成に当たっては，次の事項に配慮するものとする。
> （3）　具体的な指導内容を設定する際には，以下の点を考慮すること。
> 　カ　個々の児童又は生徒が，自立活動における学習の意味を将来の自立や社会参加に必要な資質・能力との関係において理解し，取り組めるような指導内容を取り上げること。
> 7　自立活動の指導の成果が進学先等でも生かされるように，個別の教育支援計画等を活用して関係機関等との連携を図るものとする。

特に，卒業後の関係機関との連携については，総務省の「発達障害者支援に関する行政評価・監視結果に基づく勧告」（2017年）にもあるように，聴覚障害者の場合でも連携を密にする必要がある。

2　社会的自立・就労

2014年に国連の「障害者の権利に関する条約」に批准した日本では，障害を理由に差別をすることが禁じられている。就労についても，障害を理由に差別してはならない。聴覚障害者は，条約批准以前にも社会に出て，さまざまな職業に就いている。例えば，以前は**欠格条項**のあった医師・薬剤師をはじめとする医療従事者，聴覚特別支援学校の教員，研究者をはじめとしてさまざまな分野で活躍している。最近では，路線バスの運転手になった聴覚障害者が，報道等で取り上げられた[2]。

このように，さまざまな分野で活躍する聴覚障害者がいる一方で，就労後に困難を抱えている聴覚障害者も少なくない。職場で最も大きな問題のひとつと

欠格条項
公的な資格・免許・許認可を受けるにあたって，障害などにより事前に排除されるべき条件を規定するもの。

なるが，コミュニケーションの問題である。具体的には，聴覚障害による「聞こえない」「聞こえにくい」という一次的な問題と，手話と日本語の違いや日本語力という二次的な問題が存在する。

前者は聴覚障害者と聴者がともに働く職場などで，音声による会話が聞き取れないという問題である。そのための合理的配慮として，文字による情報保障などが職務に関する場面では提供されている職場も多い。しかし，職場でのコミュニケーションは職務に関する場面だけではない。例えば，休憩時間や食事の場面なども含めて職場である。そうした休憩時間や食事など，他者との会話が聞き取れないことによって，聴者の会話に入っていけなかったり同僚との人間関係をうまく築けないことがある。また後者は，聞こえないけれど「文字で書けば伝わる」「文字で表せば理解できる」と思われがちなことが原因で起こる問題である。しかし，聴覚障害者が日常的に手話を使用している場合には，日本語力の問題によって日本語で書かれた文章の内容が十分に読解できない場合や，適切な日本語の文章で表現できないことがある。

あるインターネットのニュースサイト[3]は，新潟県新潟市にある聴覚障害者のための**就労継続支援施設**「手楽来家」の取材に基づいた記事を掲載している。この就労継続支援施設を利用する聴覚障害者は23人で，そのうち21人は一般企業で働いた経験がある。しかし，職場でさまざまな壁にぶつかり，手楽来家で職業訓練を行いながら再就職を目ざしているという。ここでも指摘されている問題は，やはり先に述べたものと同様である。ひとつは職場での雑談が聞こえないこと，もうひとつは手話と日本語の問題を指摘している。この手楽来家では，職業訓練だけではなく利用者の日本語力向上のための講座も開設しており，聴覚障害者の社会生活支援を行っている。

就労継続支援施設
障害者総合支援法に基づく指定障害福祉サービス事業者で，サービス内容や規模によってA型・B型の違いがある。

これまでの章でも述べられてきた聴覚障害児教育における日本語力の課題は，学校教育卒業も聴覚障害者に重くのしかかっている。2013年には障害者基本法が改正され，第3条で以下のように示された。

第3条　第1条に規定する社会の実現は，全ての障害者が，障害者でない者と等しく，基本的人権を享有する個人としてその尊厳が重んぜられ，その尊厳にふさわしい生活を保障される権利を有することを前提としつつ，次に掲げる事項を旨として図られなければならない。
一　全て障害者は，社会を構成する一員として社会，経済，文化その他あらゆる分野の活動に参加する機会が確保されること。
二　全て障害者は，可能な限り，どこで誰と生活するかについての選択の機会が確保され，地域社会において他の人々と共生することを妨げられないこと。
三　全て障害者は，可能な限り，言語（手話を含む。）その他の意思疎通のための手段についての選択の機会が確保されるとともに，情報の取得又は利用のための手段についての選択の機会の拡大が図られること。

手話言語条例
2020年12月28日現在の成立自治体は，29道府県14区272市56町2村の，計373自治体である。

　これを受けて，地方自治体では**手話言語条例**を制定するところも増えているが，一般社会において手話が十分なほどに普及するまでには，まだまだ時間がかかるという現状である。このような現状を踏まえながら，聴覚障害者の学校教育卒業後の社会生活支援を考えていかなければならない。

演習課題

1．聴覚障害者の就労後の課題をまとめてみよう。
2．就労後の課題を解決するために，学校教育段階でどのようなことに取り組むのか，考えてみよう。

引用文献

1）坂本徳仁：聴覚障害者の進学と就労－現状と課題，坂本徳仁・櫻井悟史編：聴覚障害者情報保障論－コミュニケーションを巡る技術・制度・思想の課題，立命館大学生存学研究センター報告書，**16**，14-30，2011．
2）日本バス協会：日本初の「ろう者」のバス運転士がデビューし活躍中！，おもしろマガジン【BUS STOP】，29，2018．
　http：//www.bus.or.jp/magazine/busstop29.html（最終閲覧：2021年1月25日）
3）Yahoo！ニュース編集部：同僚の雑談が聞こえない　聴覚障害者が突き当たる壁，2016．
　https：//news.yahoo.co.jp/feature/153（最終閲覧：2021年1月25日）

索引

147

索　引

〔シリーズ監修者〕

花熊　曉 _{はなくま　さとる}　　　関西国際大学大学院人間行動学研究科　教授

苅田知則 _{かりた　とものり}　　　愛媛大学教育学部　教授

笠井新一郎 _{かさい　しんいちろう}　　　高松大学発達科学部　教授

川住隆一 _{かわ　すみ　りゅういち}　　　元東北福祉大学教育学部　教授

宇高二良 _{う　だか　じ　ろう}　　　宇高耳鼻咽喉科医院　院長

〔編著者〕　　　　　　　　　　　　　　　　　　　　　　　　　　〔執筆分担〕

宇高二良 _{う　だか　じ　ろう}　　　前掲　　　　　　　　　　　　　　第1章1-⑤，4，第2章1

長嶋比奈美 _{ながしまひなみ}　　　愛知淑徳大学健康医療科学部　教授　　　第1章1-①～④，2，第2章3-④

加藤哲則 _{か　とう　あき　のり}　　　愛媛大学教育学部　教授　　　　　　第4章

〔著　者〕（五十音）

池田美穂 _{いけ　だ　み　ほ}　　　宇高耳鼻咽喉科医院　言語聴覚士　　　第2章2-④

伊藤美幸 _{い　とう　み　ゆき}　　　宇高耳鼻咽喉科医院　言語聴覚士　　　第2章2-②・③

井脇貴子 _{いわき　たか　こ}　　　愛知淑徳大学健康医療科学部　教授　　　第2章3-②

大西孝志 _{おおにし　たか　し}　　　東北福祉大学教育学部　教授　　　　第3章1

坂本　幸 _{さか　もと　ゆき}　　　徳島大学病院耳鼻咽喉科　言語聴覚士　　　第2章3-③・⑤

島田亜紀 _{しま　だ　あ　き}　　　せきね耳鼻咽喉科医院　副院長　　　第2章2-①・⑤

庄司和史 _{しょう　じ　まさ　し}　　　信州大学教職支援センター　教授　　　第3章2-①

竹山孝明 _{たけ　やま　たか　あき}　　　宇高耳鼻咽喉科医院　言語聴覚士　　　第1章3，第2章3-⑧

長尾公美子 _{なが　お　くみ　こ}　　　徳島県立徳島聴覚支援学校　教諭　　　第2章3-⑥

中山育美 _{なか　やま　いく　み}　　　徳島県立徳島聴覚支援学校　教諭　　　第2章3-⑦

樋口恵子 _{ひ　ぐち　けい　こ}　　　徳島県立徳島聴覚支援学校　指導教諭　　　第2章3-①

藤本裕人 _{ふじ　もと　ひろ　と}　　　帝京平成大学現代ライフ学部　教授　　　第3章2-⑤

松原太洋 _{まつ　ばら　ふと　み}　　　福岡大学人文学部　非常勤講師　　　第3章2-②
　　　　　　　　（公認心理師・臨床心理士・言語聴覚士）

松森久美子 _{まつもり　くみ　こ}　　　東海学院大学人間関係学部　准教授　　　第3章3

山本　晃 _{やま　もと　あきら}　　　国立特別支援教育総合研究所　総括研究員　　　第3章2-③

脇中起余子 _{わき　なか　き　よ　こ}　　　筑波技術大学障害者高等教育研究支援センター　准教授　　　第3章2-④

特別支援教育免許シリーズ
聴覚障害教育領域
聞こえの困難への対応

2021年（令和3年）2月20日　　初版発行

編著者　　宇　高　二　良

　　　　　長　嶋　比　奈　美

　　　　　加　藤　哲　則

発行者　　筑　紫　和　男

発行所　　株式会社 建帛社
　　　　　KENPAKUSHA

〒112-0011　東京都文京区千石4丁目2番15号
TEL（03）3944-2611
FAX（03）3946-4377
https://www.kenpakusha.co.jp/